www.ingramcontent.com/pod-product-compliance
Lightning Source LLC
Chambersburg PA
CBHW041032050726
47599CB00018B/1940

المُسْتَوَى الثَّانِي: كَلِمَاتُك الْأُولَى

NIVEAU 2: JE EERSTE WOORDJES

Titel: Van Alif tot Arabisch, Niveau 2: Je Eerste Woordjes.

Samengesteld door: Redactie 'Van Alif tot Arabisch'

ISBN: 978-1-9168783-6-5
Eerste druk 2019 – Derde druk 2024

Noot:
Dit boek gaat samen met de online videocursus:
Van Alif tot Arabisch niveau 2: Je Eerste Woordjes.
Scan de QR-code voor de cursusinformatie.

Voor meer informatie, meer cursussen,
vragen of suggesties, bezoek de website:
www.vanaliftotarabisch.nl

Of stuur een e-mail naar:
contact@vanaliftotarabisch.nl

Of app ons via WhatsApp:
+212 6 03 70 14 58 (Jasmina)

INHOUDSOPGAVE فهرس

7	*Thema 1*	STUDEREN	الدِّرَاسَةُ
8	*Lesje 1*	Studeren	الدِّرَاسَةُ
11	*Lesje 2*	In de klas	فِي الفَصْلِ
14	*Lesje 3*	Werkwoorden	الأَفْعَالُ
18	*Thema 2*	HET HUIS	الْبَيْتُ
19	*Lesje 1*	Het huis	البَيْتُ
23	*Lesje 2*	In de keuken	فِي المَطْبَخِ
27	*Lesje 3*	In de tuin	فِي الْحَدِيقَةِ
32	*Thema 3*	FRUIT & CIJFERS	الْفَاكِهَةُ وَالْأَعْدَادُ
33	*Lesje 1*	Fruit	الفَاكِهَةُ
37	*Lesje 2*	Cijfers	الأعدَادُ
41	*Lesje 3*	Groot & klein	صَغِير وَكَبِير
46	*Thema 4*	KLEREN & KLEUREN	الثِّيَابُ وَالأَلْوَانُ
47	*Lesje 1*	De klerenkast	الْخِزَانَةُ
52	*Lesje 2*	Waar is mijn fiets?	أين دَرَّاجَتِي؟
57	*Lesje 3*	Van wie is dit?	لِمَنْ هَذَا؟
63	*Thema 5*	KENNIS MAKEN	التَّعَارُفُ
64	*Lesje 1*	Kennis maken	التَّعَارُفُ
70	*Lesje 2*	Het gezin	الأُسْرَةُ
77	*Lesje 3*	Herhaling	مُرَاجَعَة
83		WOORDENBOEKJE	مُعْجَمُ الْكَلِمَاتِ
93		EXTRA RIJTJES MET SAMENVATTING	تَلْخِيصات

VOORWOORD  مقدمة

Alle lof is aan Allah, De Heer der Werelden.
Moge de Vrede en Zegeningen zijn met onze Profeet Mohammed, de Arabische Profeet die gezonden is naar de gehele mensheid.

Vervolgens:

Arabisch leren is al lang eeuwenlang een prioriteit van vele moslims. Het is namelijk de taal van de Islaam, en de taal van de Qor'aan.

Geleerden, docenten en experts hebben zich van oudsher ingezet om dit doel te vergemakkelijken voor de beginnende studenten.

Wij hebben erg ons best gedaan om ons steentje bij te dragen voor het Nederlandstalige publiek.
In deze serie hebben wij onze jarenlange ervaring en observaties van allerlei verschillende lesmethodes samengevat om een beknopte, eenvoudige, leuke en omvattende methode te ontwerpen.

Compleet met de bijbehorende videocursus en online lesomgeving, is deze serie gemaakt om helemaal van thuis uit Arabisch te leren.

Na de grote enthousiasme waarmee de eerste en tweede druk zijn ontvangen alhamdulillaah, ligt hierbij de derde druk voor je met enkele verbeteringen, aanpassingen en toevoegingen.

Wij danken Allah die dit werk voor ons mogelijk heeft gemaakt.
Ten slotte geven wij dank aan alle auteurs die ons voor zijn gegaan, waar wij van hebben geleerd en waar dit werk grotendeels op is gebaseerd.
En natuurlijk aan iedereen die heeft geholpen aan het uitbrengen van dit boek.

En Alle lof is aan Allah alleen.

De redactie

VAN ALIF TOT ARABISCH من الألف إلى العربية

GEBRUIKSINSTRUCTIES EN CURSUSINFO

- Bij dit boek hoort een vrolijke, leuke online cursus die bestaat uit:

 Filmpjes    Eindquiz

 Oefeningen   Certificaat

 Spelletjes    Privé begeleiding

 Quizzen   Huiswerk nakijken

Om meer over de cursus te weten kijk bij:

www.vanaliftotarabisch.nl/niveau-2

Of scan de QR-code om direct bij de cursus te komen.

- Bekijk eerst de videoles en maak de oefeningen op de site.
  Lees daarna zelf de les in het boek en maak de oefeningen.

- Ben niet te haastig: Ga pas naar het volgende lesje als je de gemaakte lesjes goed onder de knie hebt.

- Heb je hulp nodig of wil je jouw oefeningen laten nakijken?
  Mail naar: contact@vanaliftotarabisch.nl
  (of chat direct met de docente via de cursus!)

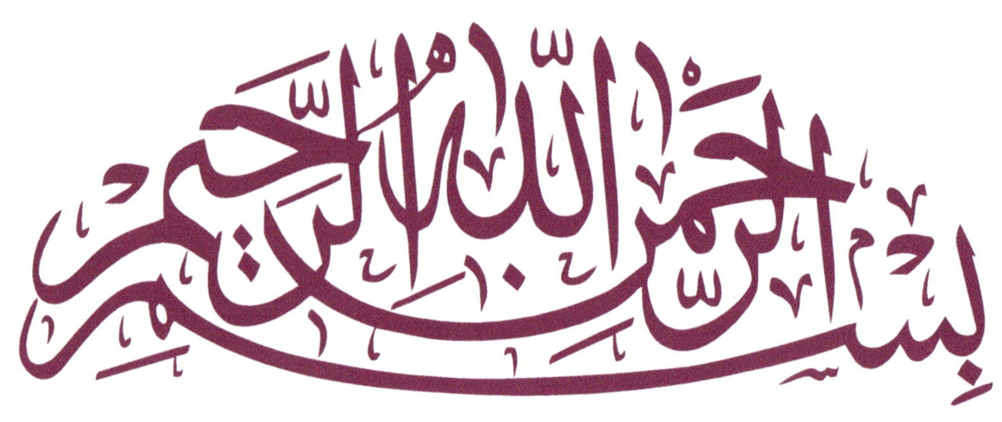

IN DE NAAM VAN ALLAH, DE MEEST BARMHARTIGE, DE MEEST GENADEVOLLE

اَلْوَحْدَةُ 1 – الدِّرَاسَةُ

THEMA 1 – STUDEREN

WAT GAAN WE LEREN:

- 25 nieuwe woordjes.
- Alle woordjes in zinnetjes gebruiken.
- Regeltje "dit is" (mannelijk en vrouwelijk).
- "de" en "het" in de Arabische taal.
- Het woordje "op".
- Het woordje "in".
- Het vrouwelijke en mannelijke werkwoord.
- Een vraag maken met "wat is…?".

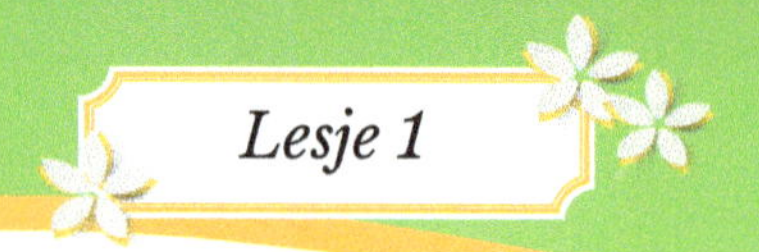

LESJE 1: STUDEREN

اَلدَّرْسُ الأَوَّلُ: الدِّرَاسَةُ

كِتَابٌ - قَلَمٌ - مَكْتَبٌ - كُرْسِيٌّ - مُعَلِّمٌ
طَالِبٌ - هَذَا - عَلَى

OEFENING 1: LEZEN

اَلتَّدْرِيبُ الأَوَّلُ: اَلْقِرَاءَةُ.

Dit is een boek.	هَذَا كِتَابٌ.
Dit is een pen.	هَذَا قَلَمٌ.
Dit is een bureau.	هَذَا مَكْتَبٌ.
Dit is een stoel.	هَذَا كُرْسِيٌّ.
Dit is een leraar.	هَذَا مُعَلِّمٌ.
Dit is een student.	هَذَا طَالِبٌ.
Dit is een bureau, en dit is een stoel.	هَذَا مَكْتَبٌ، وَهَذَا كُرْسِيٌّ.
Dit is een boek, en dit is een pen.	هَذَا كِتَابٌ، وَهَذَا قَلَمٌ.
Het boek is op het bureau.	الْكِتَابُ عَلَى الْمَكْتَبِ.
De pen is op het boek.	الْقَلَمُ عَلَى الْكِتَابِ.

OEFENING 2: BEGRIJPEN التَّدْرِيبُ الثّاني: الْفَهْمُ

1. Trek een lijntje naar het juiste plaatje.

كِتَابٌ •

قَلَمٌ •

طَالِبٌ •

مَكْتَبٌ •

كُرْسِيٌّ •

مُعَلِّمٌ •

OEFENING 3: SCHRIJVEN

التَّدْرِيبُ الثَّالِثُ: الْكِتَابَةُ

كِتَابٌ

قَلَمٌ

مَكْتَبٌ

كُرْسِيٌّ

مُعَلِّمٌ

طَالِبٌ

اَلْكِتَابُ عَلَى الْمَكْتَبِ.

LESJE 2: IN DE KLAS   اَلدَّرْسُ الثَّانِي: فِي الْفَصْلِ

فَصْلٌ - سَبُّورَةٌ - حَقِيبَةٌ - طَالِبَةٌ - مُعَلِّمَةٌ
مَكْتَبَةٌ - هَذِهِ - فِي

OEFENING 1: LEZEN   اَلتَّدْرِيبُ الْأَوَّلُ: اَلْقِرَاءَةُ

Dit is een klaslokaal.	هَذَا فَصْلٌ.
Dit is een schoolbord.	هَذِهِ سَبُّورَةٌ.
Dit is een tas.	هَذِهِ حَقِيبَةٌ.
Dit is een boekenkast.	هَذِهِ مَكْتَبَةٌ.
Dit is een studente.	هَذِهِ طَالِبَةٌ.
Dit is een docente.	هَذِهِ مُعَلِّمَةٌ.
Dit is een boek, en dit is een schoolbord.	هَذَا كِتَابٌ، وَهَذِهِ سَبُّورَةٌ.
Dit is een stoel, en dit is een tas.	هَذَا كُرْسِيٌّ، وَهَذِهِ حَقِيبَةٌ.
De pen is in de tas.	اَلْقَلَمُ فِي الْحَقِيبَةِ.
Het boek is in de boekenkast.	اَلْكِتَابُ فِي الْمَكْتَبَةِ.
Het schoolbord is in het klaslokaal.	اَلسَّبُّورَةُ فِي الْفَصْلِ.

OEFENING 2: BEGRIJPEN   التَّدْرِيبُ الثَّانِي: الْفَهْمُ

1. Mannelijk en Vrouwelijk. Lees het verschil.

هَذَا / هَذِهِ

هَذِهِ سَبُّورَةٌ	هَذَا كِتَابٌ
هَذِهِ مَكْتَبَةٌ	هَذَا فَصْلٌ
هَذِهِ طَالِبَةٌ	هَذَا طَالِبٌ

2. Schrijf het juiste woordje op de stippellijn. هَذَا of هَذِهِ

.... كُرْسِيٌّ	.... حَقِيبَةٌ
.... قَلَمٌ	.... مُعَلِّمٌ
.... مُعَلِّمَةٌ	.... مَكْتَبَةٌ

3. Schrijf het woordje dat past in de zin: in: فِي of op: عَلَى

فِي – عَلَى

1. اَلْحَقِيبَةُ .... الْمَكْتَبِ.

2. اَلْمُعَلِّمَةُ .... الْكُرْسِيِّ.

3. اَلْكِتَابُ .... الْمَكْتَبَةِ.

4. اَلْقَلَمُ .... الْكِتَابِ.

OEFENING 3: SCHRIJVEN   التَّدْرِيبُ الثَّالِثُ: الْكِتَابَةُ

فَصْلٌ

سَبُّورَةٌ

حَقِيبَةٌ

طَالِبَةٌ

مُعَلِّمَةٌ

مَكْتَبَةٌ

اَلسَّبُّورَةُ فِي الْفَصْلِ.

LESJE 3: WERKWOORDEN — اَلدَّرْسُ الثَّالِثُ: أَفْعَالٌ

- دَفْتَرٌ - مُصْحَفٌ - حَاسُوبٌ - اَللُّغَةُ الْعَرَبِيَّةُ
يَدْرُسُ - يَقْرَأُ - يَكْتُبُ - مَا

OEFENING 1: LEZEN — اَلتَّدْرِيبُ الْأَوَّلُ: اَلْقِرَاءَةُ

De Arabische taal.	اَللُّغَةُ الْعَرَبِيَّةُ.
Dit is een schrift.	هَذَا دَفْتَرٌ.
Dit is een Qor'aan (boek).	هَذَا مُصْحَفٌ.
Dit is een computer.	هَذَا حَاسُوبٌ.
De Qor'aan (boek) is op het bureau.	اَلْمُصْحَفُ عَلَى الْمَكْتَبِ.
De computer is op de stoel.	اَلْحَاسُوبُ عَلَى الْكُرْسِيِّ.
Het schrift is op het bureau.	اَلدَّفْتَرُ عَلَى الْمَكْتَبِ.
De student studeert. De studente studeert.	اَلطَّالِبُ يَدْرُسُ. اَلطَّالِبَةُ تَدْرُسُ.
De docent schrijft. De docente schrijft.	اَلْمُعَلِّمُ يَكْتُبُ. اَلْمُعَلِّمَةُ تَكْتُبُ.
Zayd leest. Halima leest.	زَيْدٌ يَقْرَأُ. حَلِيمَةُ تَقْرَأُ.

LANGERE ZINNETJES.

Zayd studeert de Arabische taal.	زَيْدٌ يَدْرُسُ اللُّغَةَ الْعَرَبِيَّةَ.
Mohammed schrijft de les.	مُحَمَّدٌ يَكْتُبُ الدَّرْسَ.
De student leest het boek.	اَلطَّالِبُ يَقْرَأُ الْكِتَابَ.
Halima studeert op de computer.	حَلِيمَةُ تَدْرُسُ عَلَى الْحَاسُوبِ.
Maryam schrijft in het schrift.	مَرْيَمُ تَكْتُبُ فِي الدَّفْتَرِ.
De studente leest in de Qor'aan (boek).	اَلطَّالِبَةُ تَقْرَأُ فِي الْمُصْحَفِ.

OEFENING 2: BEGRIJPEN.   التَّدْرِيبُ الثَّانِي: الْفَهْمُ.

1. Trek een lijntje tussen de woordjes om een correcte zin te vormen.

Tip: Let goed op de eerste letter van het werkwoord; is het mannelijk of vrouwelijk?

فِي الدَّفْتَرِ.	يَكْتُبُ	مَرْيَمُ
الْكِتَابَ.	تَكْتُبُ	زَيْدٌ
اللُّغَةَ الْعَرَبِيَّةَ.	يَدْرُسُ	مُحَمَّدٌ
عَلَى الْحَاسُوبِ.	تَدْرُسُ	اَلطَّالِبُ
الدَّرْسَ.	يَقْرَأُ	حَلِيمَةُ

2.   Schrijf het juiste woordje op de stippellijn.

هَذَا ....   مَا هَذَا؟

هَذَا ....   مَا هَذَا؟

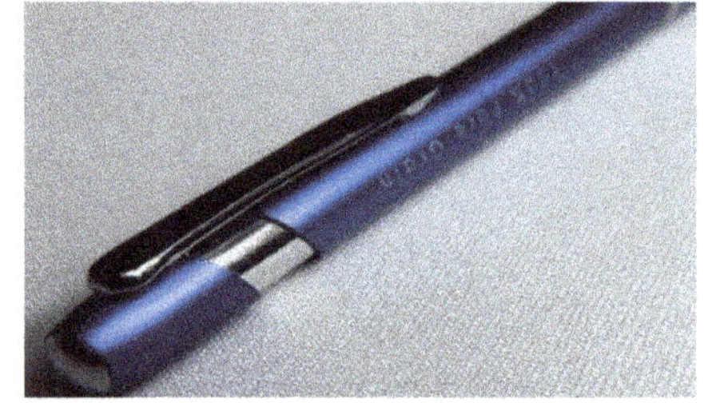

هَذَا ....   مَا هَذَا؟

هَذِهِ ....   مَا هَذِهِ؟

هَذِهِ ....   مَا هَذِهِ؟

هَذِهِ ....   مَا هَذِهِ؟

OEFENING 3: SCHRIJVEN

التَّدْرِيبُ الثَّالِثُ: الْكِتَابَةُ

اَللُّغَةُ الْعَرَبِيَّةُ

دَفْتَر

مُصْحَف

حَاسُوبٌ

تَدْرُسُ

تَكْتُبُ

حَلِيمَةُ تَكْتُبُ الدَّرْسَ.

اَلْوَحْدَةُ 2 – الْبَيْتُ

THEMA 2 – HET HUIS

WAT GAAN WE LEREN:

- 37 nieuwe woordjes.
- Alle woordjes in zinnetjes gebruiken.
- De voorzetsels: voor, achter, boven, onder, naast.
- 5 persoonlijke voornaamwoorden.
- Het bijvoeglijk naamwoord (klein en groot).
- Een vraag maken met "is dit…?"
- Een vraag maken met "wie…?"
- Een vraag maken met "waar is…?"

Laten we beginnen!

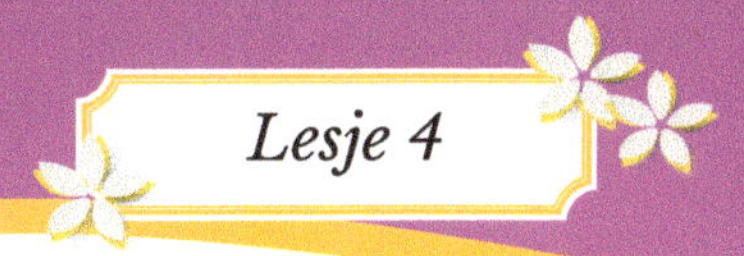  

LESJE 4: HET HUIS — اَلدَّرْسُ الرَّابِعُ: اَلْبَيْتُ

بَابٌ - بَيْتٌ - مَسْجِدٌ - سَيَّارَةٌ - نَافِذَةٌ - طَرِيقٌ
أَمَامَ - خَلْفَ - هَلْ - نَعَمْ - لَا

OEFENING 1: LEZEN — اَلتَّدْرِيبُ الأَوَّلُ: اَلْقِرَاءَةُ

Dit is een huis.	هَذَا بَيْتٌ.
In het huis is een deur.	فِي الْبَيْتِ بَابٌ.
En in het huis is een raam.	وَفِي الْبَيْتِ نَافِذَةٌ.
Voor het huis is een weg.	أَمَامَ الْبَيْتِ طَرِيقٌ.
Op de weg is een auto.	عَلَى الطَّرِيقِ سَيَّارَةٌ.
Het huis is voor de moskee.	اَلْبَيْتُ أَمَامَ الْمَسْجِدِ.
De stoel is voor het bureau.	اَلْكُرْسِيُّ أَمَامَ الْمَكْتَبِ.
Het bureau is achter de stoel.	اَلْمَكْتَبُ خَلْفَ الْكُرْسِيِّ.
De auto is voor het huis.	اَلسَّيَّارَةُ أَمَامَ الْبَيْتِ.
Het huis is achter de auto.	اَلْبَيْتُ خَلْفَ السَّيَّارَةِ.
De computer is voor de tas.	اَلْحَاسُوبُ أَمَامَ الْحَقِيبَةِ.

De tas is achter de computer.	اَلْحَقِيبَةُ خَلْفَ الْحَاسُوبِ.
Is dit een computer?	هَلْ هَذَا حَاسُوبٌ؟
Ja, dit is een computer.	نَعَمْ، هَذَا حَاسُوبٌ.
Is dit een huis? Nee, dit is een moskee.	هَلْ هَذَا بَيْتٌ؟ لَا، هَذَا مَسْجِدٌ.

OEFENING 2: BEGRIJPEN — اَلتَّدْرِيبُ الثَّانِي: الْفَهْمُ

1. Schrijf het passende woordje op de stippellijn.

أَمَامَ - خَلْفَ - فِي - عَلَى

اَلْبَيْتُ .... السَّيَّارَةِ.

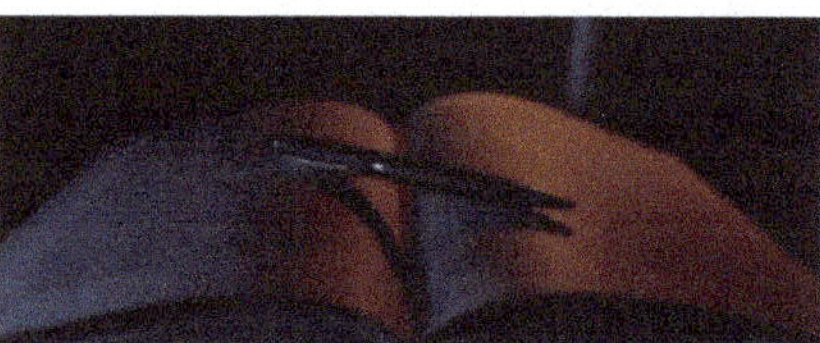

اَلْقَلَمُ .... الْكِتَابِ.

اَلْمَكْتَبُ .... الْفَصْلِ.

اَلْكِتَابُ .... السَّبُّورَةِ.

2. Zet een streep onder het juiste antwoord.

هَلْ هَذَا حَاسُوبٌ؟   <u>نَعَمْ</u> / لَا

هَلْ هَذَا دَفْتَرٌ؟   نَعَمْ / لَا

هَلْ هَذِهِ سَيَّارَةٌ؟   نَعَمْ / لَا

هَلْ هَذِهِ سَبُّورَةٌ؟   نَعَمْ / لَا

هَلْ هَذَا بَابٌ؟   نَعَمْ / لَا

هَلْ هَذَا مُصْحَفٌ؟   نَعَمْ / لَا

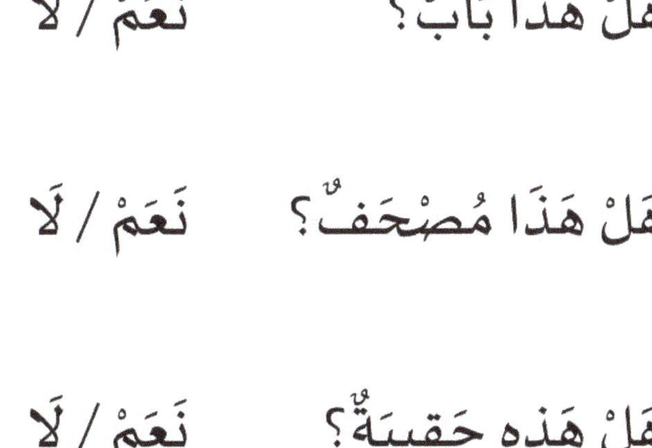

هَلْ هَذِهِ حَقِيبَةٌ؟   نَعَمْ / لَا

OEFENING 3: SCHRIJVEN   التَّدْرِيبُ الثَّالِثُ: الْكِتَابَةُ

بَيْتٌ

بَابٌ

نَافِذَةٌ

طَرِيقٌ

مَسْجِدٌ

سَيَّارَةٌ

أَمَامَ الْبَيْتِ طَرِيقٌ.

LESJE 5: IN DE KEUKEN   اَلدَّرْسُ الْخَامِسُ: فِي الْمَطْبَخِ

مَطْبَخٌ - ثَلَّاجَةٌ - خُبْزٌ - حَلِيبٌ - تَمْرٌ - مَاءٌ - يَأْكُلُ
يَشْرَبُ - مَنْ - أَنَا - أَنْتَ - أَنْتِ - هُوَ - هِيَ

OEFENING 1: LEZEN   اَلتَّدْرِيبُ الْأَوَّلُ: اَلْقِرَاءَةُ

Dit is een keuken.	هَذَا مَطْبَخٌ.
In de keuken is brood.	فِي الْمَطْبَخِ خُبْزٌ.
En in de keuken is een koelkast.	وَفِي الْمَطْبَخِ ثَلَّاجَةٌ.
In de koelkast is melk en water.	فِي الثَّلَّاجَةِ حَلِيبٌ وَمَاءٌ.
En in de koelkast zijn dadels.	وَفِي الثَّلَّاجَةِ تَمْرٌ.
Zayd eet. Halima eet.	زَيْدٌ يَأْكُلُ. حَلِيمَةُ تَأْكُلُ.
Mohammed drinkt. Maryam drinkt.	مُحَمَّدٌ يَشْرَبُ. مَرْيَمُ تَشْرَبُ.
Zayd eet de dadels.	زَيْدٌ يَأْكُلُ التَّمْرَ.
Halima eet het brood.	حَلِيمَةُ تَأْكُلُ الْخُبْزَ.
Mohammed drinkt het water.	مُحَمَّدٌ يَشْرَبُ الْمَاءَ.
Maryam drinkt de melk.	مَرْيَمُ تَشْرَبُ الْحَلِيبَ.

PERSOONLIJKE VOORNAAMWOORDEN — الضَّمَائِرُ

Ik ben Zayd.	أَنَا زَيْدٌ.
Jij bent Sa'ied.	أَنْتَ سَعِيدٌ.
Hij is Mohammed.	هُوَ مُحَمَّدٌ.
Ik ben Halima.	أَنَا حَلِيمَةُ.
Jij bent Layla.	أَنْتِ لَيْلَى.
Zij is Maryam.	هِيَ مَرْيَمُ.
Wie ben jij? Ik ben Zayd.	مَنْ أَنْتَ؟ أَنَا زَيْدٌ.
Wie ben jij (v.)? Ik ben Halima.	مَنْ أَنْتِ؟ أَنَا حَلِيمَةُ.
Wie is dit? Dit is Ahmed. Hij is een leraar.	مَنْ هَذَا؟ هَذَا أَحْمَدُ. هُوَ مُعَلِّمٌ.
Wie is dit? Dit is Layla. Zij is een lerares.	مَنْ هَذِهِ؟ هَذِهِ لَيْلَى. هِيَ مُعَلِّمَةٌ.

OEFENING 2: BEGRIJPEN   التَّدْرِيبُ الثَّانِي: الْفَهْمُ

1. Schrijf het juiste woordje in de passende zin.

كِتَابٌ - ثَلَّاجَةٌ - كُرْسِيٌّ - حَلِيبٌ - مُصْحَفٌ

1. فِي الْمَطْبَخ ....

2. فِي الثَّلَّاجَةِ ....

3. عَلَى الْمَكْتَبِ ....

4. أَمَامَ الْمَكْتَبَةِ ....

5. فِي الْحَقِيبَةِ ....

2. Zet de woordjes in de goede volgorde om een juiste zin te krijgen.

1. سَعِيدٌ - الْحَلِيبَ - يَشْرَبُ ....

2. تَأْكُلُ - الْخُبْزَ - مَرْيَمُ ....

3. يَكْتُبُ - الطَّالِبُ - الدَّرْسَ ....

4. الثَّلَّاجَةُ - الْمَطْبَخِ - فِي ....

5. الْمُعَلِّمُ - السَّبُّورَةِ - أَمَامَ ....

OEFENING 3: SCHRIJVEN   التَّدْرِيبُ الثَّالِثُ: الْكِتَابَةُ

مَطْبَخٌ

خُبْزٌ وَتَمْرٌ

ثَلَّاجَةٌ

حَلِيبٌ وَمَاءٌ

يَأْكُلُ

تَشْرَبُ

زَيْدٌ يَأْكُلُ التَّمَرَ.

LESJE 6: IN DE TUIN — اَلدَّرْسُ السَّادِسُ: فِي الْحَدِيقَةِ

طَائِرَةٌ - كُرَةٌ - دَرَّاجَةٌ - وَرْدَةٌ - حَدِيقَةٌ - شَجَرَةٌ	
أَيْنَ - جَنْبَ - تَحْتَ - فَوْقَ - كَبِيرٌ - صَغِيرٌ	

OEFENING 1: LEZEN — اَلتَّدْرِيبُ الْأَوَّلُ: اَلْقِرَاءَةُ

Dit is het huis van Sa'ied.	هَذَا بَيْتُ سَعِيدٍ.
Achter het huis is een tuin.	خَلْفَ الْبَيْتِ حَدِيقَةٌ.
In de tuin is een boom.	فِي الْحَدِيقَةِ شَجَرَةٌ.
De boom is groot.	اَلشَّجَرَةُ كَبِيرَةٌ.
En in de tuin is een bloem.	وَفِي الْحَدِيقَةِ وَرْدَةٌ.
De bloem is klein.	اَلْوَرْدَةُ صَغِيرَةٌ.
En in de tuin is een bal.	وَفِي الْحَدِيقَةِ كُرَةٌ.
Naast de boom is een fiets.	جَنْبَ الشَّجَرَةِ دَرَّاجَةٌ.
Waar is de Qor'aan (boek)?	أَيْنَ الْمُصْحَفُ؟
De Qor'aan (boek) is voor de student.	اَلْمُصْحَفُ أَمَامَ الطَّالِبِ.

VOORZETSELS: BOVEN – OP – ONDER – NAAST.

Het schrift is op het bureau.	اَلدَّفْتَرُ فَوْقَ ٱلْمكْتَبِ.
Het vliegtuig is boven het huis.	اَلطَّائِرَةُ فَوْقَ الْبَيْتِ.
De bal is onder de auto.	اَلْكُرَةُ تَحْتَ السَّيَّارَةِ.
De pen is onder de stoel.	اَلْقَلَمُ تَحْتَ الْكُرْسِيِّ.
De tas is naast de stoel.	اَلْحَقِيبَةُ جَنْبَ الْكُرْسِيِّ.
De boom is naast de moskee.	اَلشَّجَرَةُ جَنْبَ الْمَسْجِدِ.

OEFENING 2: BEGRIJPEN   التَّدْرِيبُ الثَّانِي: الْفَهْمُ

1. Plaats het juiste woordje in de correcte zin.

فِي - عَلَى - فَوْقَ - تَحْتَ - أَمَامَ - خَلْفَ - جَنْبَ

اَلْكُرَةُ .... الْكُرْسِيِّ.

اَلْحَقِيبَةُ .... الْحَاسُوبِ.

اَلْكِتَابُ .... النَّافِذَةِ.

اَلْخُبْزُ .... الْمَكْتَبِ.

اَلثَّلَّاجَةُ .... الْمَطْبَخِ.

اَلنَّافِذَةُ .... الْبَابِ.

اَلسَّيَّارَةُ .... الطَّرِيقِ.

2. Schrijf zelf het juiste woordje op de stippellijn.

مَا هَذَا؟   هَذَا ....

مَا هَذَا؟   هَذَا ....

مَا هَذَا؟   هَذَا ....

مَا هَذِهِ؟   هَذِهِ ....

مَا هَذِهِ؟   هَذِهِ ....

مَا هَذِهِ؟   هَذِهِ ....

OEFENING 3: SCHRIJVEN   التَّدْرِيبُ الثَّالِثُ: الْكِتَابَةُ

حَدِيقَةٌ

شَجَرَةٌ

وَرْدَةٌ

كُرَةٌ

دَرَّاجَةٌ

طَائِرَةٌ

الطَّائِرَةُ فَوْقَ الْبَيْتِ.

اَلْوَحْدَةُ 3 – الْفَاكِهَةُ وَالأَعْدَادُ

THEMA 3 –FRUIT & CIJFERS

WAT GAAN WE LEREN:

- 35 nieuwe woordjes.

- Alle woordjes in zinnetjes gebruiken.

- Het wel of niet uitspreken van de 'laam' .

- De cijfers van 1 t/m 12.

- Het bijvoeglijk naamwoord, mannelijk en vrouwelijk.

- Meervoud en enkelvoud van fruit.

- Een vraag maken met "hoeveel…?"

- Een vraag maken met "wat is…?" (ander woordje)

Laten we beginnen!

LESJE 7: HET FRUIT — اَلدَّرْسُ السَّابِعُ: اَلْفَاكِهَةُ

طَاوِلَةٌ - تُفَّاحَةٌ - بُرْتُقَالَةٌ - مَوْزَةٌ - فَاكِهَة
لَذِيذٌ - يُحِبُّ - يَجْلِسُ - مَاذَا

OEFENING 1: LEZEN — اَلتَّدْرِيبُ الأَوَّلُ: اَلْقِرَاءَةُ

In de keuken is een tafel.	فِي الْمَطْبَخِ طَاوِلَةٌ.
Op de tafel is een appel en een sinaasappel.	عَلَى الطَّاوِلَةِ تُفَّاحَةٌ وَبُرْتُقَالَةٌ.
En op de tafel is een banaan.	وَعَلَى الطَّاوِلَةِ مَوْزَةٌ.
Zayd eet de banaan.	زَيْدٌ يَأْكُلُ الْمَوْزَةَ.
De banaan is lekker.	اَلْمَوْزَةُ لَذِيذَةٌ.
Halima eet de sinaasappel.	حَلِيمَةُ تَأْكُلُ الْبُرْتُقَالَةَ.
De sinaasappel is lekker.	الْبُرْتُقَالَةُ لَذِيذَةٌ.
Dit is fruit. Het fruit is lekker.	هَذِهِ فَاكِهَةٌ. اَلْفَاكِهَةُ لَذِيذَةٌ.
Zayd zit op de stoel.	زَيْدٌ يَجْلِسُ عَلَى الْكُرْسِيِّ.
Halima zit in de keuken.	حَلِيمَةُ تَجْلِسُ فِي الْمَطْبَخِ.

Mohammed houdt van het fruit.	مُحَمَّدٌ يُحِبُّ الْفَاكِهَةَ.
Maryam houdt van het fruit.	مَرْيَمُ تُحِبُّ الْفَاكِهَةَ.

OEFENING 2: BEGRIJPEN التَّدْريبُ الثاني: الْفَهْمُ

1. Maak zelf de zin af zodat het klopt met het plaatje.

أَيْنَ الطَّاوِلَةُ؟   الطَّاوِلَةُ في ....

أَيْنَ الْكِتَابُ؟   اَلْكِتَابُ في ....

أَيْنَ الطَّائِرَةُ؟   اَلطَّائِرَةُ فَوْقَ ....

أَيْنَ التَّمْرُ؟   اَلتَّمْرُ عَلَى ....

2. Maak de zin af met het passende woordje.

التَّمْرَ - وَرْدَةٌ - الْمَاءَ - دَرَّاجَةٌ - خُبْزٌ

1. مَاذَا فِي الْمَطْبَخِ؟   فِي الْمَطْبَخِ ....

2. مَاذَا فِي الْحَدِيقَةِ؟   فِي الْحَدِيقَةِ ....

3. مَاذَا جَنْبَ السَّيَّارَةِ؟   جَنْبَ السَّيَّارَةِ ....

4. مَاذَا يَأْكُلُ زَيْدٌ؟   زَيْدٌ يَأْكُلُ ....

5. مَاذَا تَشْرَبُ حَلِيمَةُ؟   حَلِيمَةُ تَشْرَبُ ....

3. Trek een lijntje tussen de woordjes om een correcte zin te vormen.

Tip: Let goed op de eerste letter van het werkwoord; is het mannelijk of vrouwelijk?

عَلَى الْكُرْسِيِّ.	تَأْكُلُ	مَرْيَمُ
الْكِتَابَ.	تُحِبُّ	زَيْدٌ
فِي الْفَصْلِ.	يَجْلِسُ	مُحَمَّدٌ
الْبُرْتُقَالَةَ.	يَدْرُسُ	اَلطَّالِبُ
الْفَاكِهَةَ.	يَقْرَأُ	حَلِيمَةُ

OEFENING 3: SCHRIJVEN   التَّدْرِيبُ الثَّالِثُ: الْكِتَابَةُ

طَاوِلَةٌ

تُفَّاحَةٌ

بُرْتُقَالَةٌ

مَوْزَةٌ

فَاكِهَةٌ

لَذِيذَةٌ

مُحَمَّدٌ يُحِبُّ الْفَاكِهَةَ.

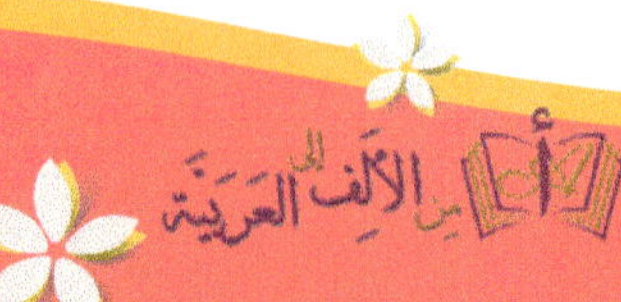

اَلدَّرْسُ الثَّامِن: اَلْفَاكِهَةُ وَالْأَعْدَاد — LESJE 8: FRUIT & CIJFERS

خَوْخٌ - إِجَّاصٌ - طَبَقٌ - كَأْسٌ	
وَاحِدٌ - اثْنَانِ - ثَلَاثَةٌ - أَرْبَعَةٌ - خَمْسَةٌ - سِتَّةٌ	

اَلتَّدْرِيبُ الْأَوَّلُ: اَلْقِرَاءَةُ — OEFENING 1: LEZEN

Dit is een bord.	هَذَا طَبَقٌ.
Dit is een groot bord.	هَذَا طَبَقٌ كَبِيرٌ.
Dit is een klein bord.	وَهَذَا طَبَقٌ صَغِيرٌ.
Dit is een perzik.	هَذِهِ خَوْخَةٌ.
En dit is een peer.	وَهَذِهِ إِجَّاصَةٌ.
De perzik is op het grote bord.	اَلْخَوْخَةُ عَلَى الطَّبَقِ الْكَبِيرِ.
De peer is op het kleine bord.	اَلْإِجَّاصَةُ عَلَى الطَّبَقِ الصَّغِيرِ.
Wat is op het bord?	مَاذَا عَلَى الطَّبَقِ؟
Op het bord is een appel.	عَلَى الطَّبَقِ تُفَّاحَةٌ.
Maryam eet de appel.	مَرْيَمُ تَأْكُلُ التُّفَّاحَةَ.
Is de appel lekker?	هَلِ التُّفَّاحَةُ لَذِيذَةٌ؟

Ja, de appel is lekker!	نَعَمْ، التُّفَّاحَةُ لَذِيذَةٌ!
Dit is een glas.	هَذَا كَأْسٌ.
In het glas is melk.	فِي الْكَأْسِ حَلِيبٌ.
Mohammed drinkt de melk.	مُحَمَّدٌ يَشْرَبُ الْحَلِيبَ.
Is de melk lekker?	هَلِ الْحَلِيبُ لَذِيذٌ؟
Ja, de melk is lekker!	نَعَمْ، الْحَلِيبُ لَذِيذٌ!

OEFENING 2: BEGRIJPEN
التَّدْرِيبُ الثَّانِي: الْفَهْمُ

1. Schrijf het juiste getal, in letters, op de stippellijn.

 كَمْ تُفَّاحَةً عَلَى الطَّاوِلَةِ؟ ....

 كَمْ نَافِذَةً فِي الْبَيْتِ؟ ....

 كَمْ مَوْزَةً فِي السَّلَّةِ؟ ....

 كَمْ طَبَقًا عَلَى الطَّاوِلَةِ؟ ....

2. Schrijf 'ja' (نَعَمْ) of 'nee' (لا), en schrijf waar nodig het juiste antwoord.

هَلْ هَذِهِ إِجَّاصَةٌ؟ ....

هَلْ هَذِهِ وَرْدَةٌ؟ ....

هَلْ هَذَا طَبَقٌ؟ ....

هَلْ هَذَا تُوتٌ؟ ....

هَلْ فِي الْكَأْسِ حَلِيبٌ؟ ....

هَلْ أَمَامَ الْبَيْتِ شَجَرَةٌ؟ ....

هَلْ عَلَى الطَّبَقِ فَاكِهَةٌ؟ ....

OEFENING 3: SCHRIJVEN   التَّدْرِيبُ الثَّالِثُ: الْكِتَابَةُ

طَبَقٌ

خَوْخَةٌ

إِجَّاصَةٌ

كَأْسٌ

ثَلَاثَةٌ	اِثْنَانِ	وَاحِدٌ

سِتَّةٌ	خَمْسَةٌ	أَرْبَعَةٌ

الْخُبْزُ عَلَى الطَّاوِلَةِ.

LESJE 9: FRUIT & CIJFERS — اَلدَّرْسُ التَّاسِعُ: اَلْفَاكِهَةُ وَالْأَعْدَادُ

سَبْعَةٌ - ثَمَانِيَةٌ - تِسْعَةٌ - عَشَرَةٌ - أَحَدَ عَشَرَ -
اِثْنَا عَشَرَ - عِنَبٌ - تُوتٌ - رُمَّانٌ - سَلَّةٌ - جَمِيلٌ

OEFENING 1: LEZEN — اَلتَّدْرِيبُ الْأَوَّلُ: اَلْقِرَاءَةُ

Dit zijn druiven.	هَذَا عِنَبٌ.
De druiven zijn in de tuin.	اَلْعِنَبُ فِي الْحَدِيقَةِ.
En dit zijn frambozen.	وَهَذَا تُوتٌ.
De frambozen zijn in de tuin.	اَلتُّوتُ فِي الْحَدِيقَةِ.
Maryam houdt van frambozen. De frambozen zijn lekker.	مَرْيَمُ تُحِبُّ التُّوتَ. اَلتُّوتُ لَذِيذٌ.
Wat is dit, o Maryam?	مَا هَذَا يَا مَرْيَمُ؟
Dit zijn granaatappels. Dit zijn grote granaatappels.	هَذَا رُمَّانٌ. هَذَا رُمَّانٌ كَبِيرٌ.
En wat is dit, Maryam?	وَمَا هَذَا يَا مَرْيَمُ؟
Dit is een mand.	هَذِهِ سَلَّةٌ.
Wat is in de mand?	مَاذَا فِي السَّلَّةِ؟

In de mand is fruit.	فِي السَّلَّةِ فَاكِهَةٌ.
Dit zijn appels. En dit zijn bananen.	هَذَا تُفَّاحٌ. وَهَذَا مَوْزٌ.
En dit zijn sinaasappels. En dit zijn druiven.	وَهَذَا بُرْتُقَالٌ. وَهَذَا عِنَبٌ.
Dit is met de Wil van Allah.	مَا شَاءَ اللهُ.

HET BIJVOEGLIJK NAAMWOORD

Dit is een klein huis.	هَذَا بَيْتٌ صَغِيرٌ.
En dit is een groot huis.	وَهَذَا بَيْتٌ كَبِيرٌ.
Dit is een kleine jongen.	هَذَا وَلَدٌ صَغِيرٌ.
En dit is een grote jongen.	وَهَذَا وَلَدٌ كَبِيرٌ.
Dit is een kleine fiets.	هَذِهِ دَرَّاجَةٌ صَغِيرَةٌ.
En dit is een grote fiets.	وَهَذِهِ دَرَّاجَةٌ كَبِيرَةٌ.
Dit is een klein meisje.	هَذِهِ بِنْتٌ صَغِيرَةٌ.
En dit is een groot meisje.	وَهَذِهِ بِنْتٌ كَبِيرَةٌ.
Dit is een mooi huis.	هَذَا بَيْتٌ جَمِيلٌ.

Dit is een mooi schrift.	هَذَا دَفْتَرٌ جَمِيلٌ.
Dit is een mooie bloem.	هَذِهِ وَرْدَةٌ جَمِيلَةٌ
Dit is een mooie tas.	هَذِهِ حَقِيبَةٌ جَمِيلَةٌ

OEFENING 2: BEGRIJPEN — التَّدْرِيبُ الثَّاني: الْفَهْمُ

1. Trek een lijntje onder het juiste antwoord.

مَاذَا فِي السَّلَّةِ؟   فَاكِهَةٌ – تَمْرٌ – خُبْزٌ

مَاذَا عَلَى الطَّاوِلَةِ؟   حَقِيبَةٌ – حَاسُوبٌ – دَفْتَرٌ

مَاذَا فِي الْحَقِيبَةِ؟   خَوْخٌ – عِنَبٌ – تُفَّاحٌ

مَاذَا فِي الْكَأْسِ؟   مَاءٌ – حَلِيبٌ – تُوتٌ

2. Schrijf 'ja' (نَعَم) of 'nee' (لا), en schrijf waar nodig is het juiste antwoord.

هَلِ النَّافِذَةُ كَبِيرَةٌ؟

....

هَلِ الْبَيْتُ جَمِيلٌ؟

....

هَلِ السَّيَّارَةُ أَمَامَ الْبَيْتِ؟

....

هَلِ الْمُصْحَفُ عَلَى الْمَكْتَبِ؟

....

OEFENING 3: SCHRIJVEN — التَّدْرِيبُ الثَّالِثُ: الْكِتَابَةُ

عِنَبٌ

تُوتٌ

رُمَّانٌ

سَلَّةٌ

سَبْعَةٌ   ثَمَانِيَةٌ   تِسْعَةٌ

عَشَرَةٌ   أَحَدَ عَشَرَ   اِثْنَا عَشَرَ

هَذَا تُفَّاحٌ، وَهَذَا مَوْزٌ.

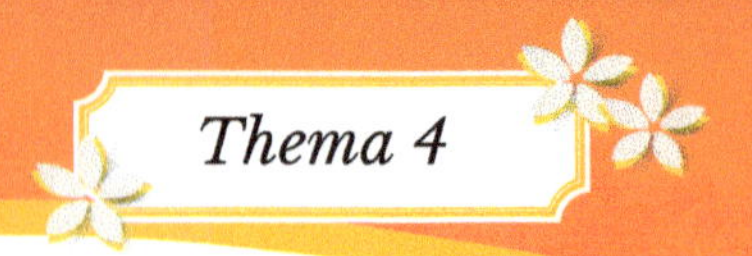

اَلْوَحْدَةُ 4 – الثِّيَابُ وَالألْوَانُ

THEMA 4 –KLEREN & KLEUREN

WAT GAAN WE LEREN:

- 30 nieuwe woordjes.
- Alle woordjes in zinnetjes gebruiken.
- Verschillende kledingstukken.
- 10 kleuren.
- De woorden mijn, jouw, zijn, haar.
- Het woordje "bij."
- Een zin maken met "ik heb…"
- Een vraag maken met "wat is de kleur van…?"

Laten we beginnen!

LESJE 10: DE KLERENKAST   اَلدَّرْسُ الْعَاشِرُ: الْخِزَانَةُ

خِزَانَةٌ - ثِيَابٌ - فُسْتَانٌ - قَمِيصٌ - سِرْوَالٌ
أَزْرَقُ - أَخْضَرُ - أَحْمَرُ - عِنْدَ

OEFENING 1: LEZEN   اَلتَّدْرِيبُ الْأَوَّلُ: اَلْقِرَاءَةُ

Dit is een kast.	هَذِهِ خِزَانَةٌ.
De kast is groot.	اَلْخِزَانَةُ كَبِيرَةٌ.
Wat is in de kast?	مَاذَا فِي الْخِزَانَةِ؟
In de kast zijn kleren.	فِي الْخِزَانَةِ ثِيَابٌ.
Zijn de kleren mooi?	هَلِ الثِّيَابُ جَمِيلَةٌ؟
Ja, de kleren zijn mooi.	نَعَمْ. الثِّيَابُ جَمِيلَةٌ.
Van wie zijn de kleren?	لِمَنِ الثِّيَابُ؟
De kleren zijn van Mohammed. En de kleren zijn van Maryam.	اَلثِّيَابُ لِمُحَمَّدٍ. وَالثِّيَابُ لِمَرْيَمَ.
Dit is een jurk. Dit is een rode jurk.	هَذَا فُسْتَانٌ. هَذَا فُسْتَانٌ أَحْمَرُ.
Dit is een qamis. Dit is een blauwe qamis.	هَذَا قَمِيصٌ. هَذَا قَمِيصٌ أَزْرَقُ.
Dit is een broek. Dit is een groene broek.	هَذَا سِرْوَالٌ. هَذَا سِرْوَالٌ أَخْضَرُ.

HET WOORDJE 'MIJN'

Dit is een boek. Dit is mijn boek.	هَذَا كِتَابٌ. هَذَا كِتَابِي.
Dit is een pen. Dit is mijn pen.	هَذَا قَلَمٌ. هَذَا قَلَمِي.
Dit is een huis. Dit is mijn huis.	هَذَا بَيْتٌ. هَذَا بَيْتِي.
Dit is een tafel. Dit is mijn tafel.	هَذِهِ طَاوِلَةٌ. هَذِهِ طَاوِلَتِي.
Dit is een auto. Dit is mijn auto.	هَذِهِ سَيَّارَةٌ. هَذِهِ سَيَّارَتِي.
Dit is een sinaasappel. Dit is mijn sinaasappel.	هَذِهِ بُرْتُقَالَةٌ. هَذِهِ بُرْتُقَالَتِي.

HET WOORDJE 'BIJ' EN 'IK HEB'   عِنْدِي

Het boek is bij Mohammed.	اَلْكِتَابُ عِنْدَ مُحَمَّدٍ.
Het schrift is bij Maryam.	اَلدَّفْتَرُ عِنْدَ مَرْيَمَ.
De auto is bij de moskee.	اَلسَّيَّارَةُ عِنْدَ الْمَسْجِدِ.
Ik heb een rode pen.	عِنْدِي قَلَمٌ أَحْمَرُ.
Ik heb een blauw boek.	عِنْدِي كِتَابٌ أَزْرَقُ.
Ik heb een groen schrift.	عِنْدِي دَفْتَرٌ أَخْضَرُ.

OEFENING 2: BEGRIJPEN   التَّدْريبُ الثَّاني: الْفَهْمُ

1. Schrijf het woordje met de toevoeging van 'mijn' op de stippellijn.
   Schrijf de vertaling ernaast.

Dit is mijn bureau.	هَذَا مَكْتَبِي.	هَذَا مَكْتَبٌ.
....	....	هَذَا دَفْتَرٌ.
....	....	هَذَا قَلَمٌ.
....	....	هَذَا فَصْلٌ.
Dit is mijn tas.	هَذِهِ حَقِيبَتِي.	هَذِهِ حَقِيبَةٌ.
....	....	هَذِهِ مُعَلِّمَةٌ.
....	....	هَذِهِ دَرَّاجَةٌ.
....	....	هَذِهِ شَجَرَةٌ.

2. Schrijf het passende woordje in de zin.

الْمَطْبَخِ - الْفَصْلِ - الْكَأْسِ - الْكُرْسِيِّ - الشَّجَرَةِ

أَيْنَ الْمُعَلِّمَةُ؟	اَلْمُعَلِّمَةُ فِي ....
أَيْنَ الْحِذَاءُ؟	الْحِذَاءُ تَحْتَ ....
أَيْنَ الْمَاءُ؟	الْمَاءُ فِي ....
أَيْنَ الثَّلَّاجَةُ؟	الثَّلَّاجَةُ فِي ....
أَيْنَ السَّيَّارَةُ؟	السَّيَّارَةُ جَنْبَ ....

OEFENING 3: SCHRIJVEN   التَّدْرِيبُ الثَّالِثُ: الْكِتَابَةُ

خِزَانَةٌ

....

ثِيَابٌ

....

فُسْتَانٌ

....

قَمِيصٌ

....

سِرْوَالٌ

....

أَحْمَرُ   أَزْرَقُ   أَخْضَرُ

....

عِنْدِي دَفْتَرٌ أَخْضَرُ.
....

LESJE 11: WAAR IS...?   اَلدَّرْسُ الْحَادِي عَشَر: أَيْنَ...؟

حِذَاءٌ - جَوْرَبٌ - حِجَابٌ - أَصْفَر - أَبْيَض - أَسْوَد

OEFENING 1: LEZEN   اَلتَّدْرِيبُ الْأَوَّلُ: اَلْقِرَاءَةُ

Waar is mijn qamis, Layla?	أَيْنَ قَمِيصِي يَا لَيْلَى؟
Jouw qamis is in de mand.	قَمِيصُكَ فِي السَّلَّةِ.
En waar is de mand?	وَأَيْنَ السَّلَّةُ؟
De mand is in de tuin.	السَّلَّةُ فِي الْحَدِيقَةِ.
Waar is mijn boek, Mohammed?	أَيْنَ كِتَابِي يَا مُحَمَّدُ؟
Jouw boek is in de tas.	كِتَابُكَ فِي الْحَقِيبَةِ.
En waar is de tas?	وَأَيْنَ الْحَقِيبَةُ؟
De tas is achter de deur.	اَلْحَقِيبَةُ خَلْفَ الْبَابِ.
Waar is mijn fiets, Maryam?	أَيْنَ دَرَّاجَتِي يَا مَرْيَمُ؟
Jouw fiets is achter het huis.	دَرَّاجَتُكَ خَلْفَ الْبَيْتِ.

Hij is bij de boom. (In het Arabisch: zij is...)	هِيَ عِنْدَ الشَّجَرَةِ.

KLEUREN (VERVOLG) — الأَلْوَانُ (تَتِمَّةٌ)

Dit is een hoofddoek.	هَذَا حِجَابٌ.
Dit is een zwarte hoofddoek.	هَذَا حِجَابٌ أَسْوَدُ.
Dit is een (paar) schoenen.	هَذَا حِذَاءٌ.
Dit zijn gele schoenen.	هَذَا حِذَاءٌ أَصْفَرُ.
Dit is een sok.	هَذَا جَوْرَبٌ.
Dit is een witte sok.	هَذَا جَوْرَبٌ أَبْيَضُ.

DE WOORDJES 'MIJN' EN 'JOUW'

هَذَا كِتَابِي. هَذَا كِتَابُكَ. هَذَا كِتَابُكِ.

Dit is mijn boek. Dit is jouw (m.) boek. Dit is jouw (v.) boek.

هَذَا قَلَمِي. هَذَا قَلَمُكَ. هَذَا قَلَمُكِ.

Dit is mijn pen. Dit is jouw (m.) pen. Dit is jouw (v.) pen.

هَذِهِ حَقِيبَتِي. هَذِهِ حَقِيبَتُكَ. هَذِهِ حَقِيبَتُكِ.

Dit is mijn tas. Dit is jouw (m.) tas. Dit is jouw (v.) tas.

OEFENING 2: BEGRIJPEN   التَّدْرِيبُ الثَّاني: الْفَهْمُ

3. Schrijf de juiste kleur op de stippellijn.

مَا لَوْنُ الْحَقِيبَةِ؟   أَصْفَرُ.

مَا لَوْنُ الْكِتَابِ؟   ....

مَا لَوْنُ السَّيَّارَةِ؟   ....

مَا لَوْنُ الشَّجَرَةِ؟   ....

مَا لَوْنُ الْوَرْدَةِ؟   ....

مَا لَوْنُ الْقَلَمِ؟   ....

4. Nummer de woordjes in de goede volgorde zodat je een goede zin krijgt, en schrijf de vertaling op de stippellijn.

عَلَى - تَجْلِسُ - مَرْيَمُ - الْكُرْسِيُّ ....

مُحَمَّدٌ - اللُّغَةَ - يَدْرُسُ - الْعَرَبِيَّةَ ....

الدَّفْتَرِ - يَكْتُبُ - يُوسُفُ - فِي ....

تَقْرَأُ - الْكِتَابَ - حَلِيمَةُ ....

5. Onderstreep het woordje dat past in de zin.

حَلِيمَةُ تَشْرَبُ   الْحَلِيبَ - الْمَاءَ - الْخُبْزَ

مَرْيَمُ تَأْكُلُ   الْخَوْخَ - الْإِجَّاصَ - التُّفَّاحَ

زَيْدٌ يَكْتُبُ   الدَّرْسَ - الْقَلَمَ - الدَّفْتَرَ

مُحَمَّدٌ يَقْرَأُ   الْفَاكِهَةَ - الطَّبَقَ - الْكِتَابَ.

OEFENING 3: SCHRIJVEN   التَّدْرِيبُ الثَّالِثُ: الْكِتَابَة

حِجَابٌ

حِذَاءٌ

جَوْرَبٌ

أَصْفَرُ

أَبْيَضُ

أَسْوَدُ

لَوْنُ الْحَلِيبِ أَبْيَضُ.

LESJE 12: VAN WIE IS DIT?   اَلدَّرْسُ الثَّانِي عَشَر: لِمَنْ هَذَا؟

سَاعَةٌ - جَوَّالٌ - زَهْرَةٌ - صُنْدُوقٌ - وَرْدِيٌّ - بُنِّيٌّ – بَنَفْسَجِيٌّ – بُرْتُقَالِيٌّ

OEFENING 1: LEZEN   اَلتَّدْرِيبُ الْأَوَّلُ: اَلْقِرَاءَةُ

Dit is een doos.	هَذَا صُنْدُوقٌ.
De kleur van de doos is bruin.	لَوْنُ الصُّنْدُوقِ بُنِّيٌّ.
Dit is een telefoon.	هَذَا جَوَّالٌ.
De kleur van de telefoon is roze.	لَوْنُ الْجَوَّالِ وَرْدِيٌّ.
Dit is een bloem.	هَذِهِ زَهْرَةٌ.
De kleur van de bloem is paars.	لَوْنُ الزَّهْرَةِ بَنَفْسَجِيٌّ.
Dit is een klok.	هَذِهِ سَاعَةٌ.
De kleur van de klok is oranje.	لَوْنُ السَّاعَةِ بُرْتُقَالِيٌّ.
Deze Qor'aan (boek) is van Zayd.	هَذَا الْمُصْحَفُ لِزَيْدٍ.
Deze schoenen zijn van Halima.	هَذَا الْحِذَاءُ لِحَلِيمَةَ.
Deze banaan is van Maryam.	هَذِهِ الْمَوْزَةُ لِمَرْيَمَ.

Is deze telefoon van jou?	هَلْ هَذَا الْجَوَّالُ لَكَ ؟
Ja, hij is van mij. Het (hij) is mijn telefoon.	نَعَمْ. هُوَ لِي. هُوَ جَوَّالِي.
Is dit horloge van jou?	هَلْ هَذِهِ السَّاعَةُ لَكِ ؟
Nee, zij is van Maryam. Het (zij) is haar horloge.	لَا . هِيَ لِمَرْيَمَ. هِيَ سَاعَتُهَا.

DE WOORDJES 'ZIJN' EN 'HAAR'.

هَذَا دَفْتَرٌ. هَذَا دَفْتَرُهُ. هَذَا دَفْتَرُهَا.
Dit is een schrift. Dit is zijn schrift. Dit is haar schrift.
هَذَا حَاسُوبٌ. هَذَا حَاسُوبُهُ. هَذَا حَاسُوبُهَا.
Dit is een computer. Dit is zijn computer. Dit is haar computer.
هَذِهِ دَرَّاجَةٌ. هَذِهِ دَرَّاجَتُهُ. هَذِهِ دَرَّاجَتُهَا.
Dit is een fiets. Dit is zijn fiets. Dit is haar fiets.
هَذِهِ تُفَّاحَةٌ. هَذِهِ تُفَّاحَتُهُ. هَذِهِ تُفَّاحَتُهَا.
Dit is een appel. Dit is zijn appel. Dit is haar appel.

OEFENING 2: BEGRIJPEN

التَّدْريبُ الثَّاني: الْفَهْمُ

1. Lees het voorbeeld en schrijf het correcte zinnetje op de stippellijn.

هَذَا قَلَمُ مَرْيَمَ.   هَذَا قَلَمُهَا.

هَذَا بَيْتُ سَعِيدٍ.

....

هَذِهِ سَيَّارَةُ الْأَبِ.

....

هَذِهِ كُرَةُ مُحَمَّدٍ.

....

هَذَا جَوَّالُ زَيْدٍ.

....

2. Lees de dialoogjes en schrijf het juiste woordje op de stippellijn.

كَريمٌ: هَلْ هَذِهِ دَرَّاجَتُكَ يَا مُحَمَّدُ؟

مُحَمَّدٌ: نَعَمْ. هَذِهِ ....

مَرْيَمُ: هَلْ هَذَا فُسْتَاني يَا أُمِّي؟

الأُمُّ: نَعَمْ. هَذَا..............................

مُحَمَّدٌ: هَلْ هَذِهِ تُفَّاحَتي يَا مَرْيَمُ؟

مَرْيَمُ: نَعَمْ. هَذِهِ..............................

3. Kies het passende antwoord en schrijf het op de stippellijn.

وَرْدَةٌ - كَأْسٌ - ثِيَابٌ - دَرَّاجَةٌ - حَدِيقَةٌ

 مَاذَا فِي الصُّنْدُوقِ؟ ....

 مَاذَا أَمَامَ الْمَسْجِدِ؟ ....

 مَاذَا فَوْقَ الدَّفْتَرِ؟ ....

 مَاذَا عَلَى الطَّرِيقِ؟ ....

 مَاذَا فَوْقَ الطَّاوِلَةِ؟ ....

OEFENING 3: SCHRIJVEN — التَّدْرِيبُ الثَّالِثُ: الْكِتَابَةُ

صُنْدُوقٌ

جَوَّالٌ

زَهْرَةٌ

سَاعَةٌ

بُنِّيٌّ

وَرْدِيٌّ   بَنَفْسَجِيٌّ   بُرْتُقَالِيٌّ

هَذِهِ السَّيَّارَةُ لَكَ.

اَلْوَحْدَةُ 5 – التَّعَارُفُ

THEMA 5 – KENNIS MAKEN

WAT GAAN WE LEREN:

- 26 nieuwe woordjes.
- Alle woordjes in zinnetjes en dialoogjes gebruiken.
- Regeltje 'dit' en 'dat', mannelijk en vrouwelijk.
- Regeltje 'hier' en 'daar'.
- Herhaling van alle belangrijke onderwerpen van de cursus.

Laten we beginnen!

LESJE 13: KENNIS MAKEN — اَلدَّرْسُ الثَّالِثَ عَشَرَ: التَّعَارُفُ

كَيْفَ حَالُكَ - بِخَيْرٍ - اِسْم - عُمْر - أَهْلًا وَسَهْلًا
سَنَوَاتٌ - ذَلِكَ - تِلْكَ - سَلَامٌ - عَلَيْكُمْ

DIALOOGJE 1 — اَلْحِوَارُ الأَوَّلُ

Vrede zij met jou, o mijn broeder!	السَّلَامُ عَلَيْكُمْ يَا أَخِي!
En vrede zij met jou en de barmhartigheid van Allah en Zijn zegeningen.	وَعَلَيْكُمُ السَّلَامُ وَرَحْمَةُ اللهِ وَبَرَكَاتُهُ.
Hoe is het met jou?	كَيْفَ حَالُكَ؟
Met mij gaat het goed, en alle lof is aan Allah.	أَنَا بِخَيْرٍ وَالْحَمْدُ لِلهِ.
En met jou? (letterlijk: en jij?)	وَأَنْتَ؟
Met mij gaat het goed, en alle lof is aan Allah.	أَنَا بِخَيْرٍ وَالْحَمْدُ لِلهِ.
Wat is je naam?	مَا اسْمُكَ؟
Mijn naam is Zayd.	اِسْمِي زَيْدٌ.
En jij, wat is jouw naam?	وَأَنْتَ، مَا اسْمُكَ؟
Mijn naam is Yoesoef.	اِسْمِي يُوسُفُ.

Welkom, aangenaam.	أَهْلًا وَسَهْلًا.

DIALOOGJE 2   الْحِوَارُ الثَّانِي

Vrede zij met jou o mijn zuster!	السَّلَامُ عَلَيْكُمْ يَا أُخْتِي!
En vrede zij met jou en de barmhartigheid van Allah en Zijn zegeningen.	وَعَلَيْكُمُ السَّلَامُ وَرَحْمَةُ اللهِ وَبَرَكَاتُهُ.
Hoe gaat het met jou? (v.)	كَيْفَ حَالُكِ؟
Met mij gaat het goed, en alle lof is aan Allah.	أَنَا بِخَيْرٍ وَالْحَمْدُ للهِ.
En met jou? (v.)	وَأَنْتِ؟
Met mij gaat het goed, en alle lof is aan Allah.	أَنَا بِخَيْرٍ وَالْحَمْدُ للهِ.
Wat is je naam?	مَا اسْمُكِ؟
Mijn naam is Hafsa.	إِسْمِي حَفْصَةُ.
En jij (v.), wat is jouw naam?	وَأَنْتِ، مَا اسْمُكِ؟
Mijn naam is Halima.	إِسْمِي حَلِيمَةُ.
Welkom, aangenaam.	أَهْلًا وَسَهْلًا.

DIALOOGJE 3   الْحِوَارُ الثَّالِثُ

Wat is jou leeftijd, o Mohammed?	كَمْ عُمْرُكَ يَا مُحَمَّدُ؟
Mijn leeftijd is tien jaar.	عُمْرِي عَشْرُ سَنَوَاتٍ.
En jij (m.), wat is jou leeftijd, o Moesa?	وَأَنْتَ، كَمْ عُمْرُكَ يَا مُوسَى؟
Mijn leeftijd is negen jaar.	عُمْرِي تِسْعُ سَنَوَاتٍ.
Wat is jou leeftijd, o Maryam?	كَمْ عُمْرُكِ يَا مَرْيَمُ؟
Mijn leeftijd is zeven jaar.	عُمْرِي سَبْعُ سَنَوَاتٍ.
En jij (v.), wat is jou leeftijd, o Amina?	وَأَنْتِ، كَمْ عُمْرُكِ يَا أَمِينَةُ؟
Mijn leeftijd is negen jaar.	عُمْرِي تِسْعُ سَنَوَاتٍ.

OEFENING 2: BEGRIJPEN   التَّدْريبُ الثَّاني: الْفَهْمُ

1. Schrijf het juiste getal, in letters, op de stippellijn.

.... 7   كَمْ خُبْزَةً عَلَى الطَّاوِلَةِ؟

.... 8   كَمْ كُرْسِيًّا فِي الْمَطْبَخِ؟

.... 5   كَمْ كُرَةً فِي الْحَدِيقَةِ؟

.... 4   كَمْ سَاعَةً فِي الصُّنْدُوقِ؟

.... 6   كَمْ وَرْدَةً أَمَامَ النَّافِذَةِ؟

.... 12   كَمْ كَأْسًا عَلَى الطَّاوِلَةِ؟

2. Maak het dialoogje af en schrijf het passende woordje op de stippellijn.

حَقِيبَتُهُ - هَذَا - هَذِهِ - قَلَمِي.

اَلْمُعَلِّمُ: لِمَنْ .... الْقَلَمُ؟

كَرِيمٌ: هَذَا .... يَا مُعَلِّمُ!

اَلْمُعَلِّمُ: لِمَنْ هَذِهِ الْحَقِيبَةُ؟

كَرِيمٌ: .... الْحَقِيبَةُ لِمُحَمَّدٍ. هَذِهِ ....

3. Schrijf zelf het antwoord zoals wat je ziet op het plaatje.

 مَاذَا عِنْدَ الْبَيْتِ؟   عِنْدَ الْبَيْتِ ....

 مَاذَا عِنْدَ الْمَسْجِدِ؟   عِنْدَ الْمَسْجِدِ ....

 مَاذَا عِنْدَ الْخِزَانَةِ؟   عِنْدَ الْخِزَانَةِ ....

 مَاذَا عِنْدَ الثَّلَّاجَةِ؟   عِنْدَ الثَّلَّاجَةِ ....

OEFENING 3: SCHRIJVEN   التَّدْرِيبُ الثَّالِث: الْكِتَابَة

كَيْفَ حَالُكَ؟

....

....

أَنَا بِخَيْرٍ.

....

....

اَلْحَمْدُ لله

....

مَا اسْمُكَ؟

....

أَهْلًا وَسَهْلًا.

....

كَمْ عُمْرُكَ؟

....

ذَلِكَ مَسْجِدٌ كَبِيرٌ.

....

LESJE 14: HET GEZIN — ٱلدَّرْسُ الرَّابِعَ عَشَر: ٱلْأُسْرَةُ

أُسْرَةٌ - أَبٌ - أُمٌّ - اِبْنٌ - اِبْنَةٌ - أَخٌ - أُخْتٌ
مَدْرَسَةٌ - جَامِعَةٌ - مَرْحَبًا - هُنَا – هُنَاكَ

OEFENING 1: LEZEN — اَلتَّدْرِيبُ الْأَوَّلُ: اَلْقِرَاءَةُ

Dit is een vader, en dit is een zoon.	هَذَا أَبٌ، وَهَذَا اِبْنٌ.
Dit is een moeder, en dit is een dochter.	هَذِهِ أُمٌّ، وَهَذِهِ اِبْنَةٌ.
Dit is een broer, en dit is een zus.	هَذَا أَخٌ، وَهَذِهِ أُخْتٌ.
Dit is een gezin.	هَذِهِ أُسْرَةٌ.

VERHAALTJE 1: HALIMA'S FAMILIE — اَلْقِصَّةُ 1: أُسْرَةُ حَلِيمَة

Mijn naam is Halima.	اِسْمِي حَلِيمَةُ.
Ik heb een grote broer.	لِي أَخٌ كَبِيرٌ.
En ik heb een klein broertje.	وَلِي أَخٌ صَغِيرٌ.
En ik heb één zusje.	وَلِي أُخْتٌ وَاحِدَةٌ.
Dit is mijn kleine broertje.	هَذَا أَخِي الصَّغِيرُ.

Zijn naam is Mohammed.	اِسْمُهُ مُحَمَّدٌ.
En dat is mijn grote broer.	وَذَلِكَ أَخِي الْكَبِيرُ.
Zijn naam is Zayd.	اِسْمُهُ زَيْدٌ.
Dit is mijn moeder. Haar naam is Layla.	هَذِهِ أُمِّي. اِسْمُهَا لَيْلَى.
En dit is mijn vader. Zijn naam is Sa'ied.	وَهَذَا أَبِي. اِسْمُهُ سَعِيدٌ.
En dit is mijn zusje. Haar naam is Maryam.	وَهَذِهِ أُخْتِي. اِسْمُهَا مَرْيَمُ.

VERHAALTJE 2: OP BEZOEK BIJ YOESOEF   القِصَّةُ 2: فِي بَيْتِ يُوسُفَ

Zayd is in het huis van Yoesoef.	زَيْدٌ فِي بَيْتِ يُوسُفَ.
Je bent welkom, o Zayd!	مَرْحَبًا بِكَ يَا زَيْدُ.
Zayd: Is dit jouw zoon?	زَيْدٌ: هَلْ هَذَا ابْنُكَ؟
Yoesoef: Ja, hij is mijn zoon.	يُوسُفُ: نَعَمْ. هُوَ ابْنِي.
Zijn naam is Abdoellah.	اِسْمُهُ عَبْدُ اللهِ.
Zayd: Wat is zijn leeftijd?	زَيْدٌ: كَمْ عُمْرُهُ؟
Yoesoef: Zijn leeftijd is drie jaar.	يُوسُفُ: عُمْرُهُ ثَلَاثُ سَنَوَاتٍ.

Zayd: En is dit jouw dochter?	زَيْدٌ: وَهَلْ هَذِهِ ابْنَتُكَ؟
Yoesoef: Ja, zij is mijn dochter.	يُوسُفُ: نَعَمْ. هِيَ ابْنَتِي.
Haar naam is Zayneb.	اِسْمُهَا زَيْنَبُ.
Zayd: Wat is haar leeftijd?	زَيْدٌ: كَمْ عُمْرُهَا؟
Yoesoef: Haar leeftijd is één jaar.	يُوسُفُ: عُمْرُهَا سَنَةٌ وَاحِدَةٌ.

VERHAALTJE 3: OP BEZOEK BIJ HALIMA   القِصَّةُ 3: في بَيْتِ حَلِيمَةَ

Assia is in het huis van Halima.	آسِيَةُ في بَيْتِ حَلِيمَةَ.
Je bent welkom, o Assia!	مَرْحَبًا بِكِ يَا آسِيَةُ.
Assia: Wie is dit?	آسِيَةُ: مَنْ هَذَا؟
Halima: Dit is mijn broertje.	حَلِيمَةُ: هَذَا أَخِي.
Zijn naam is Mohammed.	اِسْمُهُ مُحَمَّدٌ.
Hij is een jonge student.	هُوَ طَالِبٌ صَغِيرٌ.
Hij is een student op school.	هُوَ طَالِبٌ في الْمَدْرَسَةِ.
Assia: Wie is dit?	آسِيَةُ: مَنْ هَذِهِ؟
Halima: Dit is mijn zusje.	حَلِيمَةُ: هَذِهِ أُخْتِي.

Haar naam is Maryam.	اِسْمُهَا مَرْيَمُ.
Zij is een jonge studente.	هِيَ طَالِبَةٌ صَغِيرَةٌ.
Zij is een studente op school.	هِيَ طَالِبَةٌ فِي الْمَدْرَسَةِ.
Assia: Is dit jouw moeder?	آسِيَةُ: هَلْ هَذِهِ أُمُّكِ؟
Halima: Ja, zij is mijn moeder.	حَلِيمَةُ: نَعَمْ. هِيَ أُمِّي.
Assia: Waar is jouw vader?	آسِيَةُ: أَيْنَ أَبُوكِ؟
Halima: Mijn vader is in de moskee.	حَلِيمَةُ: أَبِي فِي الْمَسْجِدِ.
Assia: Van wie is deze computer?	آسِيَةُ: لِمَنْ هَذَا الْحَاسُوبُ؟
Halima: Hij is van Zayd. Zayd is mijn broer.	حَلِيمَةُ: هُوَ لِزَيْدٍ. زَيْدٌ أَخِي.
Hij is een grote student.	هُوَ طَالِبٌ كَبِيرٌ.
Hij is een student in de universiteit.	هُوَ طَالِبٌ فِي الْجَامِعَةِ.

HIER EN DAAR   هُنَا وَهُنَاكَ

Dit is een doos. De doos is hier.	هَذَا صُنْدُوقٌ. اَلصُّنْدُوقُ هُنَا.
Dat is een stoel. De stoel is daar.	ذَلِكَ كُرْسِيٌّ. اَلْكُرْسِيُّ هُنَاكَ.
Dit is een schoolbord. Het schoolbord is hier.	هَذِهِ سَبُّورَةٌ. اَلسَّبُّورَةُ هُنَا.

تِلْكَ دَرَّاجَةٌ. اَلدَّرَّاجَةُ هُنَاكَ.	Dat is een fiets. De fiets is daar.

OEFENING 2: BEGRIJPEN — التَّدْرِيبُ الثَّاني: الْفَهْمُ

1. Maak het dialoogje af door de juiste woordjes te kiezen.

اِسْمُكَ - بِخَيْرٍ - السَّلَامُ - حَالُكَ - عَلَيْكُمْ - أَنَا - مُحَمَّدٌ - اِسْمِي

السَّلَامُ .... 1.

وَعَلَيْكُمْ .... 2.

مَا ....؟ 3.

اِسْمِي .... وَأَنْتَ، مَا اسْمُكَ؟ 4.

......................كَرِيمٌ. 5.

كَيْفَ ....؟ 6.

الحَمْدُ لله. أَنَا .... 7.

وَأَنْتَ؟ .... بِخَيْرٍ وَالْحَمْدُ لله. 8.

2. Maak het dialoogje af door de juiste woordjes te kiezen.

عِنْدَ - أَخِي - الْمَدْرَسَةِ - طَالِبٌ - سَنَوَاتٍ.

هَلْ هَذَا أَخُوكَ؟ نَعَمْ. هَذَا ....

كَمْ عُمْرُهُ؟ عُمْرُهُ عَشْرُ ....

هَلْ هُوَ ....؟

نَعَمْ. هُوَ طَالِبٌ فِي ....

أَيْنَ بَيْتُكَ يَا مُحَمَّدُ؟ بَيْتِي .... الْمَسْجِدِ.

3. Beantwoord de vragen in een <u>volledige</u> zin met behulp van de vertaling.

Vertaling	Vraag
Van mij	لِمَنْ هَذَا الْجَوَّالُ؟
Van Zayd	لِمَنْ هَذَا الْقَمِيصُ؟
Van mijn broer	لِمَنْ هَذَا السِّرْوَالُ؟
Ja, het is....	هَلْ هَذِهِ الدَّرَّاجَةُ لَكَ؟
Nee... van Zayd.	هَلْ هَذَا الْمَكْتَبُ لِمُحَمَّدٍ؟
Ja, het is....	هَلْ هَذَا الْحِجَابُ لِلْأُمِّ؟

التَّدْرِيبُ الثَّالِثُ: الْكِتَابَةُ — *Oefening 3: Schrijven*

أَبٌ وَابْنٌ

....

أُمٌّ وَابْنَةٌ

....

أَخٌ وَأُخْتٌ

....

أُسْرَةٌ

....

مَرْحَبًا

....

هَذِهِ مَكْتَبَةٌ.

....

زَيْدٌ طَالِبٌ فِي الْجَامِعَةِ

....

LESJE 15: HERHALING  اَلدَّرْسُ الخَامِسَ عَشَر: مُرَاجَعَة

RICHTINGEN/VOORZETSELS — اَلْجِهَاتُ/الظَّرُوف

De fiets is voor de auto.	اَلدَّرَّاجَةُ أَمَامَ السَّيَّارَةِ.
De boom is achter het raam.	اَلشَّجَرَةُ خَلْفَ النَّافِذَةِ.
De schoen is onder de stoel.	اَلْحِذَاءُ تَحْتَ الْكُرْسِيِّ.
Het horloge is op de kast.	اَلسَّاعَةُ فَوْقَ الْخِزَانَةِ.
De telefoon is naast de bloem.	اَلْجَوَّالُ جَنْبَ الزَّهْرَةِ.
De bal is bij de deur.	اَلْكُرَةُ عِنْدَ الْبَابِ.

IS DIT VAN... — هَلْ هَذَا...

Is dit jouw horloge?	هَلْ هَذِهِ سَاعَتُكَ؟
Ja, dit is mijn horloge.	نَعَمْ، هَذِهِ سَاعَتِي.
Is dit jouw jurk?	هَلْ هَذَا فُسْتَانُكِ؟
Nee, dit is de jurk van mijn zus.	لَا، هَذَا فُسْتَانُ أَخْتِي.
Dit is haar jurk.	هَذَا فُسْتَانُهَا.

Is deze bal van jou?	هَلْ هَذِهِ الْكُرَةُ لَكِ؟
Ja, deze bal is van mij.	نَعَمْ. هَذِهِ الْكُرَةُ لِي.
Zijn deze schoenen van jou?	هَلْ هَذَا الْحِذَاءُ لَكَ؟
Nee, deze schoenen zijn van mij broer.	لَا. هَذَا الْحِذَاءُ لِأَخِي.
Dit zijn zijn schoenen.	هَذَا حِذَاؤُهُ.

De kleur van de granaatappel is rood.	لَوْنُ الرُّمَّانِ أَحْمَرُ.
De kleur van de peren is geel.	لَوْنُ الْإِجَّاصِ أَصْفَرُ.
De kleur van de druiven is groen.	لَوْنُ الْعِنَبِ أَخْضَرُ.
De kleur van de perzikken is oranje.	لَوْنُ الْخَوْخِ بُرْتُقَالِيٌّ.
De kleur van de bloem is roze.	لَوْنُ الزَّهْرَةِ وَرْدِيٌّ.
De kleur van de mand is blauw.	لَوْنُ السَّلَّةِ أَزْرَقُ.
De kleur van de boom is bruin.	لَوْنُ الشَّجَرَةِ بُنِّيٌّ.
De kleur van de roos is wit.	لَوْنُ الْوَرْدَةِ أَبْيَضُ.
De kleur van telefoon is zwart.	لَوْنُ الْجَوَّالِ أَسْوَدُ.
De kleur van de fiets is paars.	لَوْنُ الدَّرَّاجَةِ بَنَفْسَجِيٌّ.

OEFENING 2: BEGRIJPEN — التَّدْرِيبُ الثَّاني: الفَهْم

1. Beantwoord de vragen!

.... مَا لَوْنُ الْفُسْتَانِ؟

.... مَا لَوْنُ الْقَمِيصِ؟

.... مَا لَوْنُ الْجَوَّالِ؟

.... مَا لَوْنُ الْمُصْحَفِ؟

.... هَلْ لَوْنُ الْكِتَابِ أَصْفَرُ؟

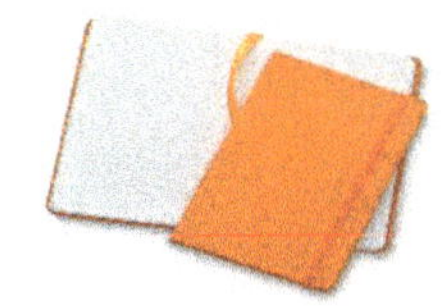
.... هَلْ لَوْنُ الدَّفْتَرِ بَنَفْسَجِيٌّ؟

.... هَلْ لَوْنُ الصُّنْدُوقِ بُنِّيٌّ؟

.... هَلْ لَوْنُ الْكُرْسِيِّ أَخْضَرُ؟

2. Vertaal de zinnetjes.

.1 مَاذَا عَلَى الطَّاوِلَةِ؟ عَلَى الطَّاوِلَةِ كَأْسٌ وَطَبَقٌ وَخَوْخَةٌ.

.2 مَاذَا فِي الْحَقِيبَةِ؟ فِي الْحَقِيبَةِ جَوَّالٌ وَدَفْتَرٌ وَقَلَمٌ.

.3 مَاذَا أَمَامَ الْبَيْتِ؟ أَمَامَ الْبَيْتِ سَيَّارَةٌ وَدَرَّاجَةٌ وَشَجَرَةٌ.

.4 مَاذَا فِي السَّلَّةِ؟ فِي السَّلَّةِ تُفَّاحٌ وَمَوْزٌ وَعِنَبٌ.

.5 مَاذَا فِي الْفَصْلِ؟ فِي الْفَصْلِ نَافِذَةٌ وَمَكْتَبٌ وَمَكْتَبَةٌ.

OEFENING 3: SCHRIJVEN   التَّدْرِيبُ الثَّالِثُ: الْكِتَابَةُ

اَلسَّيَّارَةُ

اَلنَّافِذَةُ

اَلْحِذَاءُ

اَلشَّجَرَةُ

اَلْجَوَّالُ

اَلسَّاعَةُ

لَوْنُ الرُّمَّانِ أَحْمَرُ.

تُفَّاحَةٌ
حَاسُوبٌ
VAN ALIF
TOT ARABISCH
مِنَ الْأَلِفِ إِلَى الْعَرَبِيَّةِ
مُعْجَمُ الْكَلِمَاتِ
WOORDENBOEKJE
NIVEAU 2 - 3
وَرْدَةٌ
طَائِرَةٌ
أَنَا أَكْتُبُ
Ik schrijf
كِتَابٌ

ENKELE TIPS VOOR HET GEBRUIK VAN DIT WOORDENBOEKJE:

➢ Achterin het woordenboekje vind je een aantal rijtjes met speciale woordjes: kleuren, dagen, richtingen, persoonlijke voornaamwoorden, en vraagwoorden.

➢ De werkwoorden staan in het woordenboekje volgens de hij-vorm in de tegenwoordige tijd. Voorbeeld: يَدْرُسُ
Dit is de vorm die we leren in niveau 2.

Alle werkwoorden vind je dus onder de letter ي .

➢ Lees de paginas van rechts naar links!

➢ De woordjes vind je zonder alif laam.
Zoek i.p.v. naar المكتب naar مكتب.

أ

Vader	أَبٌ
Kan, theepot	إِبْرِيقٌ
Zoon	اِبْنٌ
Dochter	اِبْنَةٌ
Wit	أَبْيَضُ
Maandag	الاِثْنَيْنِ
Peren	إِجَّاصٌ
Peer	إِجَّاصَةٌ
Zondag	الأَحَدُ
Rood	أَحْمَرُ
Broer	أَخٌ
Zus	أُخْتٌ
Groen	أَخْضَرُ
Gebedsoproep	أَذَانٌ
Rijst	أَرُزٌّ
Woensdag	الأَرْبِعَاءُ
Bank (meubel)	أَرِيكَةٌ
Blauw	أَزْرَقُ
Gezin	أُسْرَةٌ
Naam	اِسْمٌ
Zwart	أَسْوَدُ
Stoplicht	إِشَارَةُ مُرُورٍ
Geel	أَصْفَرُ
Aankondiging tot het gebed	إِقَامَةٌ
Kleurpotloden	أَقْلَامٌ مُلَوَّنَةٌ
Naar	إِلَى
Moeder	أُمٌّ
Imam	إِمَامٌ
Voor	أَمَامَ
Gisteren	أَمْسِ
Ik	أَنَا
Jij (m.)	أَنْتَ
Jij (v.)	أَنْتِ
Jullie (m.mv.)	أَنْتُمْ
Jullie (twee)	أَنْتُمَا
Jullie (v.mv.)	أَنْتُنَّ
Welkom	أَهْلًا وَسَهْلًا

Waar	أَيْنَ

ب

Deur	بَابٌ
Goed (antwoord op 'hoe gaat het?')	بِخَيْرٍ
Sinaasappels	بُرْتُقَالٌ
Sinaasappel	بُرْتُقَالَةٌ
Oranje	بُرْتُقَالِيٌّ
Tapijt	بِسَاطٌ
Uien	بَصَلٌ
Ui	بَصَلَةٌ
Aardappelen	بَطَاطِسُ
Na	بَعْدَ
Ver	بَعِيدٌ
Paars	بَنَفْسَجِيٌّ
Bruin	بُنِّيٌّ
Huis	بَيْتٌ
Wit (v.)	بَيْضَاءُ

ت

Zij bereidt voor	تُجَهِّزُ
Onder	تَحْتَ
Appels	تُفَّاحٌ
Appel	تُفَّاحَةٌ
Zij snijdt	تَقْطَعُ
Dat (v.)	تِلْكَ
Dadel	تَمْرٌ
Dadels	تَمْرٌ
Franbozen	تُوتٌ
Framboos	تُوتَةٌ

ث

Dinsdag	الثُّلَاثَاءُ
Koelkast	ثَلَّاجَةٌ

ج

Nieuw	جَدِيدٌ
Slager	جَزَّارٌ
Wortels	جَزَرٌ
Vrijdag	الجُمُعَةُ

Telefoon	جَوَّالٌ
Naast	جَنْبَ
Sok	جَوْرَبٌ

ح

Computer, laptop	حَاسُوبٌ
Bus	حَافِلَةٌ
Jou staat – hoe is het met je?	حَالُكَ – كَيْفَ حَالُكَ؟
Muur	حَائِطٌ
Hoofddoek	حِجَابٌ
Tuin	حَدِيقَةٌ
Schoen	حِذَاءٌ
Tas	حَقِيبَةٌ
Melk	حَلِيبٌ
Badkamer	حَمَّامٌ
Rood (v.)	حَمْرَاءُ
Om, Omheen	حَوْلَ

خ

Brood	خُبْزٌ
Kast	خِزَانَةٌ
Groen (v.)	خَضْرَاءُ
Groente	خَضْرَوَاتٌ
Groenteboer	خَضَّارٌ
Achter	خَلْفَ
Donderdag	الْخَمِيسُ
Perzik	خَوْخٌ

د

Kip	دَجَاجٌ
Fiets	دَرَّاجَةٌ
Schrift	دَفْتَرٌ

ذ

| Dat (m.) | ذَلِكَ |

ر

Brief	رِسَالَةٌ
Granaatappel	رُمَّانَةٌ
Granaatappels	رُمَّانٌ
Riyal (munteenheid)	رِيَالٌ

ز

Blauw (v.)	زَرْقَاءُ
Bloem	زَهْرَةٌ
Vaas	زَهْرِيَّةٌ
Echtgenoot/echtgenote	زَوْجٌ / زَوْجَةٌ

س

Uur, Klok, Horloge	سَاعَةٌ
Zaterdag	السَّبْتُ
Schoolbord	سَبُّورَةٌ
Gordijn	سِتَارَةٌ
Broek	سِرْوَالٌ
Bed	سَرِيرٌ
Mes	سِكِّينٌ
Mand	سَلَّةٌ
Jaar	سَنَةٌ
Jaren	سَنَوَاتٌ
Auto	سَيَّارَةٌ

ش

Vrachtwagen	شَاحِنَةٌ
Straat	شَارِعٌ
Boom	شَجَرَةٌ
Politieagent	شُرْطِيٌّ
Bedankt	شُكْرًا
Vork	شَوْكَةٌ

ص

Zitkamer	صَالَةٌ
Ochtend	صَبَاحٌ
Klein	صَغِيرٌ
Geel (v.)	صَفْرَاءُ
Gebeden	صَلَوَاتٌ
Doos, kist	صُنْدُوقٌ

ض	
Licht	ضَوْءٌ
Krap, Nauw, Smal	ضَيِّقٌ
ط	
Student	طَالِبٌ
Studente	طَالِبَةٌ
Vliegtuig	طَائِرَةٌ
Tafel	طَاوِلَةٌ
Bord, schaal	طَبَقٌ
Dokter, Arts (m.)	طَبِيبٌ
Dokter, Arts (v.)	طَبِيبَةٌ
Weg	طَرِيقٌ
Kind	طِفْلٌ
Tomaten	طَمَاطِمُ
Lang	طَوِيلٌ
ظ	
Middag	ظُهْرٌ

ع	
Sap, Jus	عَصِيرٌ
Op	عَلَى
Leeftijd	عُمْرٌ
Druiven	عِنَبٌ
Druif	عِنَبَةٌ
Bij	عِنْدَ
غ	
Morgen	غَدًا
Kamer	غُرْفَةٌ
Eetkamer	غُرْفَةُ الطَّعَامِ
Slaapkamer	غُرْفَةُ النَّوْمِ
Deken	غِطَاءٌ

ف

Fruit	فَاكِهَةٌ
Jurk	فُسْتَانٌ
Klaslokaal	فَصْلٌ
Boven, Op	فَوْقَ
In	فِي

ق

Voor,	قَبْلَ
Oud	قَدِيمٌ
Dichtbij	قَرِيبٌ
Kort	قَصِيرٌ
Poes	قِطَّةٌ
Pen, Potlood	قَلَمٌ
Weinig	قَلِيلٌ
Qamis, Bloes	قَمِيصٌ

ك

Glas	كَأْسٌ
Groot	كَبِيرٌ
Boek	كِتَابٌ
Veel	كَثِيرٌ
Bal, Voetbal	كُرَةٌ
Stoel	كُرْسِيٌّ
Hoeveel	كَمْ
Hoe	كَيْفَ

ل

Nee	لَا
Vlees	لَحْمٌ
Lekker	لَذِيذٌ
Lief, Vriendelijk	لَطِيفٌ
De Arabische taal	اللُّغَةُ العَرَبِيَّةُ
Kleur	لَوْنٌ
Nacht	لَيْلٌ

م

Wat (vraagwoord)	مَا

Keuken	مَطْبَخٌ	Wat (vraagwoord)	مَا
Nuttig	مُفِيدٌ	Water	مَاءٌ
Bureau	مَكْتَبٌ	Eettafel	مَائِدَةٌ
Boekenkast	مَكْتَبَةٌ	Wat (vraagwoord)	مَاذَا
Lepel	مِلْعَقَةٌ	Lopend	مَاشِيًا
Architect	مُهَنْدِسٌ	Bekwaam, Deskundig	مَاهِر
Bananen	مَوْزٌ	Ervaren, Bedreven	مُتْقِنٌ
Banaan	مَوْزَةٌ	Wanneer	مَتَى
Onderwerp	مَوْضُوعٌ	Ijverig	مُجْتَهِدٌ
Parkeerplaats	مَوْقِفٌ	Busstation	مَحَطَّةٌ
ن		School	مَدْرَسَةٌ
Raam	نَافِذَةٌ	Spiegel	مِرْآةٌ
Wij	نَحْنُ	Een keer	مَرَّةً
Ja	نَعَمْ	Toilet	مِرْحَاضٌ
Geld	نُقُودٌ	Verkeer	مُرُورٌ
ه		Avond	المَسَاءُ
Dit (twee)	هَاتَانِ	Moskee	مَسْجِدٌ
Dit (twee)	هَذَانِ	Lamp	مِصْبَاحٌ
		Qor'aan (boek)	مُصْحَفٌ

Vraagwoord (is..?)	هَلْ
Zij (m.mv.)	هُمْ
Zij (twee)	هُمَا
Zij (v.mv.)	هُنَّ
Hier	هُنَا
Daar	هُنَاكَ
Hij	هُوَ
Zij	هِيَ
	و
Wijd, Ruim	وَاسِعٌ
Roos, Bloem	وَرْدَةٌ
Rozen, Bloemen	وُرُودٌ
Roze	وَرْدِيٌّ
Kussen	وِسَادَةٌ
Jongen	وَلَدٌ
	ي
Hij eet	يَأْكُلُ
Hij verricht de rituele wassing	يَتَوَضَّأُ
Hij zit	يَجْلِسُ
Hij bereidt voor	يُجَهِّزُ
Hij houdt van	يُحِبُّ
Hij studeert	يَدْرُسُ
Hij gaat	يَذْهَبُ
Hij herhaalt	يُرَاجِعُ
Hij tekent	يَرْسُمُ
Hij woont	يَسْكُنُ
Hij hoort	يَسْمَعُ
Hij gaat, Hij loopt, Hij rijdt	يَسِيرُ
Hij drinkt	يَشْرَبُ
Hij bidt	يُصَلِّي
Hij werkt	يَعْمَلُ
Hij leest	يَقْرَأُ
Hij snijdt	يَقْطَعُ
Hij stopt	يَقِفُ
Hij schrijft	يَكْتُبُ
Hij slaapt	يَنَامُ
Dag	يَوْمٌ

الظُّرُوفُ/حُرُوفُ الْجَر		الْأَلْوَانُ	
Voorzetsels		**Kleuren**	

		مُؤَنَّثٌ	مُذَكَّرٌ
Op	عَلَى / فَوْقَ	**Vrouwelijk**	Mannelijk
In	فِي	حَمْرَاءُ 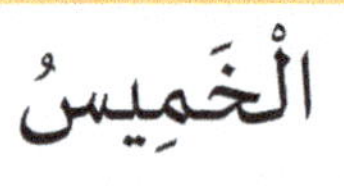 أَحْمَرُ	
Onder	تَحْت	زَرْقَاءُ أَزْرَقُ	
Naast	جَنْب	صَفْرَاءُ أَصْفَرُ	
Boven	فَوْقَ	بَيْضَاءُ أَبْيَضُ	
Voor	أَمَامَ	سَوْدَاءُ أَسْوَدُ	
Achter	خَلْفَ	خَضْرَاءُ أَخْضَرُ	
Rechts van	يَمِّين	وَرْدِيَّةٌ وَرْدِيٌّ	
Links van	يَسَارٌ	بُرْتُقَالِيَّةٌ بُرْتُقَالِيٌّ	
Bij	عِنْدَ	بُنِّيَّةٌ بُنِّيٌّ	
		بَنَفْسَجِيَّةٌ بَنَفْسَجِيٌّ	

De dagen	الأيام

الْإِثْنَيْنِ	الثُّلَاثَاءُ	الْأَرْبِعَاءُ	الْخَمِيسُ	الْجُمُعَةُ	السَّبْتُ	الْأَحَدُ
Maandag	Dinsdag	Woensdag	Donderdag	Vrijdag	Zaterdag	Zondag

أَسْمَاءُ الْإِشَارَة

Aanwijswoorden

Dit (enk.m.)	هَذَا
Dit (enk.v.)	هَذِهِ
Dit (twee m.)	هَاذَانِ
Dit (twee v.)	هَاتَانِ
Dit (mv.)	هَؤُلَاءِ
Dat (m.)	ذَلِكَ
Dat (v.)	تِلْكَ
Hier	هُنَا
Daar	هُنَاكَ

الضَّمَائِرُ

Persoonlijke voornaamwoorden

Ik	أَنَا
Wij	نَحْنُ
Jij (m.)	أَنْتَ
Jij (v.)	أَنْتِ
Jullie (twee m/v)	أَنْتُمَا
Jullie (m.mv.)	أَنْتُمْ
Jullie (v.mv.)	أَنْتُنَّ
Hij	هُوَ
Zij (enk.v.)	هِيَ
Zij (twee m/v)	هُمَا
Zij (mv.m.)	هُمْ
Zij (mv.v.)	هُنَّ

أَدَوَاتُ الْاِسْتِفْهِـام
Vraagwoorden

Wat	مَا هَذَا؟	مَا
	Wat is dit?	
Wie	مَنْ هَذَا؟	مَنْ
	Wie is dit?	
Wat	مَاذَا عَلَى الطَّاوِلَةِ؟	مَاذَا
	Wat is op de tafel?	
Wanneer	مَتَى تُصَلِّي الظُّهْرَ؟	مَتَى
	Wanneer bidt je het middaggebed?	
Vraagwoord (is...?)	هَلْ هَذَا كِتَابٌ؟	هَلْ
	Is dit een boek?	
Waar	أَيْنَ الْحَقِيبَةُ؟	أَيْنَ
	Waar is de tas?	
Hoe	كَيْفَ حَالُكَ؟	كَيْفَ
	Hoe is het met je? (hoe is je staat?)	
Waarom	لِمَاذَا تَدْرُسُ اللُّغَةَ الْعَرَبِيَّةَ؟	لِمَاذَا
	Waarom leer je Arabisch?	

من الألف العربية

SPEELKAARTJES

SPELREGELS VOOR 2 OF MEER SPELERS:

- Schudt de kaartjes en leg ze op een stapeltje, met de woordjes naar boven, op tafel.
- Pak om de beurt een kaartje en probeer de betekenis te herinneren.
- Goed? Leg het op een eigen stapeltje.
- Fout? Leg het op een aparte stapel, die jullie straks nog eens oefenen.
- Schudt de kaartjes die jullie fout hebt geraden nog eens, en doe ze overnieuw.
- Wie aan het eind van het spel de meeste kaartjes goed geraden heeft, is de winnaar!

Je kunt ook alleen oefenen!

EXTRA INSTRUCTIES

Je kan ook de kaartjes met plaatjes naar boven oefenen. Dit is pittiger dan met woordjes naar boven, een uitdaging dus!
- De bloemetjes wijzen naar het thema waar je het woordje leert.
Zo kan je bijvoorbeeld ook alleen de woordjes van 1 thema oefenen.

Thema 1   Thema 2   Thema 3   Thema 4   Thema 5

- De kaartjes van boek 2 hebben een groen driehoekje bovenaan.
Bij de kaartjes van niveau 3 is dit roze, bij niveau 4 paars en niveau 5 blauw.

- Wil je stevigere kaartjes, kijk dan op de website:
www.vanaliftotarabisch.nl/gratis-speelkaartjes

كُرْسِيّ 	مَكْتَب 	فَصْل 
www.vanaliftotarabisch.nl	www.vanaliftotarabisch.nl	www.vanaliftotarabisch.nl
قَلَم 	كِتَاب 	مُعَلِّم 
www.vanaliftotarabisch.nl	www.vanaliftotarabisch.nl	www.vanaliftotarabisch.nl
مُعَلِّمَة 	طَالِبَة 	طَالِب 
www.vanaliftotarabisch.nl	www.vanaliftotarabisch.nl	www.vanaliftotarabisch.nl
مَكْتَبَة 	سَبُّورَة 	حَقِيبَة 
www.vanaliftotarabisch.nl	www.vanaliftotarabisch.nl	www.vanaliftotarabisch.nl

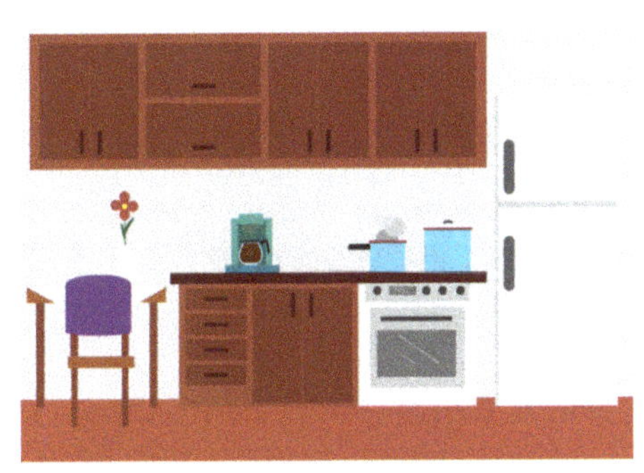

Thema 4

Thema 5

 مَطْبَخ

ثَلَّاجَةٌ 

خُبْزٌ

مَاءٌ

تَمْرٌ

حَلِيبٌ

دَرَّاجَةٌ

وَرْدَةٌ

حَدِيقَةٌ

كُرَةٌ

Thema 2

Thema 3

Thema 1

دَفْتَر	مُصْحَف	حَاسُوب
www.vanaliftotarabisch.nl 	www.vanaliftotarabisch.nl 	www.vanaliftotarabisch.nl 
بَاب	بَيْت	مَسْجِد
www.vanaliftotarabisch.nl 	www.vanaliftotarabisch.nl 	www.vanaliftotarabisch.nl 
نَافِذَة	سَيَّارَة	طَرِيق
www.vanaliftotarabisch.nl 	www.vanaliftotarabisch.nl 	www.vanaliftotarabisch.nl 

تُفَّاحَةٌ 	طَاوِلَةٌ 	طَائِرَةٌ 
فَاكِهَةٌ 	مَوْزَةٌ 	بُرْتُقَالَةٌ 
طَبَقٌ 	إِجَّاصَةٌ 	خَوْخَةٌ 
اِثْنَانِ 	وَاحِدٌ 	كَأْسٌ 

5 4 3

6 7 8

9 10

خَمْسَةٌ 	أَرْبَعَةٌ 	ثَلَاثَةٌ 
www.vanaliftotarabisch.nl	www.vanaliftotarabisch.nl	www.vanaliftotarabisch.nl
سِتَّةٌ 	سَبْعَةٌ 	ثَمَانِيَةٌ 
www.vanaliftotarabisch.nl	www.vanaliftotarabisch.nl	www.vanaliftotarabisch.nl
تِسْعَةٌ 	عَشَرَةٌ 	عِنَبٌ 
www.vanaliftotarabisch.nl	www.vanaliftotarabisch.nl	www.vanaliftotarabisch.nl
سَلَّةٌ 	رُمَّانٌ 	تُوتٌ 
www.vanaliftotarabisch.nl	www.vanaliftotarabisch.nl	www.vanaliftotarabisch.nl

خِزَانَة 	ثِيَاب 	فُسْتَان 
قَمِيص 	سِرْوَال 	أَزْرَقُ 
أَخْضَرُ 	أَصْفَرُ 	أَحْمَرُ 
أَبْيَضُ 	أَسْوَدُ 	حِجَاب 

★ UNIVERSITY ★

SCHOOL

حِذَاءٌ	جَوْرَبٌ	سَاعَةٌ

جَوَّالٌ	زَهْرَةٌ	صُنْدُوق

وَرْدِي	بُنِّي	بَنَفْسَجِيٌّ

جَامِعَةٌ	أَحْمَرُ	مَدْرَسَةٌ

يَدْرُسُ 	يَقْرَأُ 	يَجْلِسُ 
www.vanaliftotarabisch.nl	www.vanaliftotarabisch.nl	www.vanaliftotarabisch.nl
اِبْن 	يَكْتُبُ 	يَشْرَبُ 
www.vanaliftotarabisch.nl	www.vanaliftotarabisch.nl	www.vanaliftotarabisch.nl
أَب 	أَخ 	أُخْت 
www.vanaliftotarabisch.nl	www.vanaliftotarabisch.nl	www.vanaliftotarabisch.nl
اِبْنَة 	أُسْرَة 	أُم 
www.vanaliftotarabisch.nl	www.vanaliftotarabisch.nl	www.vanaliftotarabisch.nl

 تَحْتَ

 عَلَى /فَوْقَ

 فِي

 جَنْب

أَمَامَ

خَلْفَ

يَأْكُلُ

كَبِيرٌ

صَغِيرٌ

Verder gaan met Arabisch leren?

Proficiat!

We zijn zo trots op je dat je de cursus hebt afgerond, Alhamdoelillaah!
Nu heb je jezelf de eerste woordjes en zinnetjes van het Arabisch eigen gemaakt.

Nu je je eerste woordjes en zinnetjes beheerst, wil je zeker verder in het Arabisch.
In niveau 3 – Een stevige basis, begeleid ik je stap voor stap om verder te komen in
de taal.

Compleet met boek, filmpjes, spelletjes, oefeningen en quizzen, en begeleiding van
de docente. Geheel in je eigen tijd en op je eigen tempo.

Bezoek de website:
www.vanaliftotarabisch.nl/niveau-3

Je kunt ook direct contact met ons opnemen:
contact@vanaliftotarabisch.nl

Of app ons via WhatsApp:
+212 6 03 70 14 58 (Jasmina)

Alle vragen, opmerkingen of feedback
zijn van harte welkom.

Moge Allah je veel succes schenken
in het leren van Arabisch!

DE REDACTIE

ONZE ONLINE CURSUSSEN + BOEKEN

ARABISCH MET PLEZIER VOOR KINDEREN – DEEL 1

Leer spelenderwijs de letters van het Arabische alfabet met fatha (a-klank). Letters herkennen, lezen & schrijven.
Voor ongeveer 3-7 jaar.

ARABISCH MET PLEZIER VOOR KINDEREN - DEEL 2

Boordevol oefeningen en spelletjes voor de overige klanken, lange klanken, woordjes lezen, etc.
Voor ongeveer 4-8 jaar.

QOR´AAN MET TADJWIED CURSUS

Gratis cursus om correct de Qor´aan te leren reciteren.

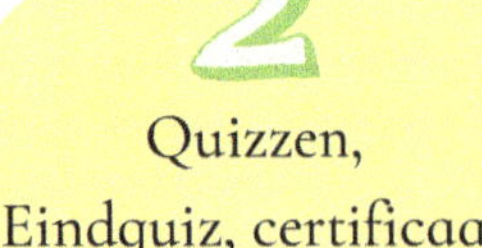

1
Videolessen, oefeningen, spelletjes

2
Quizzen, Eindquiz, certificaat

3
Thuis, onderweg, mobiel, laptop...

4
Onbeperkt toegang voor heel het gezin

VAN ALIF TOT ARABISCH ONLINE CURSUSSEN + BOEKEN KINDEREN EN VOLWASSENEN

NIVEAU 1 – LEZEN & SCHRIJVEN

Dit niveau behandelt hetzelfde als 'Arabisch met plezier' deel 1 en 2, alleen in een vlugger tempo.

NIVEAU 2 – JE EERSTE WOORDJES.

Leer je eerste woordjes, zinnetjes, verhaaltjes en dialoogjes. Met leuke spelletjes en oefeningen voor kinderen van 5+ en volwassenen.

NIVEAU 3 – EEN STEVIGE BASIS.

Meer verhaaltjes, spelletjes en oefeningen, gesprekken, basis grammatica.

NIVEAU 4 – DIEPER IN DE TAAL.

Diepgaandere teksten, een duik in grammatica, gesprekken voeren en leuke oefeningen.

NIVEAU 5 – ONZE PRACHTIGE TAAL.

Een omvattende cursus voor woordenschat, grammatica en morphologie (sarf) om foutloos Arabisch te lezen, schrijven, begrijpen en spreken.